LOCUS

LOCUS

LOCUS

LOCUS

catch

catch your eyes ; catch your heart ; catch your mind······

catch 184

菩薩的珠寶盒

圖文：吳霈媜

責任編輯：繆沛倫

美術設計：IF OFFICE、林家琪

法律顧問：全理法律事務所董安丹律師

出版者：大塊文化出版股份有限公司

台北市105南京東路四段25號11樓

www.locuspublishing.com

讀者服務專線：0800-006689

TEL：(02) 87123898　FAX：(02) 87123897

郵撥帳號：18955675　　戶名：大塊文化出版股份有限公司

總經銷：大和書報圖書股份有限公司

地址：新北市新莊區五工五路2號

TEL：(02) 89902588 (代表號)　FAX：(02) 22901658

製版：瑞豐實業股份有限公司

初版一刷：2012年2月

定價：新台幣250元

ISBN　978-986-213-318-7

Printed in Taiwan

菩薩的珠寶盒

吳霈媜｜圖文

菩薩瓔珞‧大悲莊嚴

菩薩的瓔珞，是從心所生長出來的，以大悲心作爲材料，用大智慧長養它的光明，用大定力持續穩定地發光發熱，普照衆生，讓一切生命具足覺悟與幸福！

在佛教的造像藝術上，菩薩的瓔珞富貴，和聲聞行者身無長物的出家形相，形成了強烈的對比。大乘菩薩以能帶給生命無限的向上發展的富貴形象示現，用更廣大的願力，來創造人間善的循環，乃至趣向建造圓滿的淨土，就成爲菩薩的偉大願行。

我們觀察莊嚴的菩薩法相，雖然是體悟了空性，但是每一位菩薩都是瓔珞隨身，莊嚴無比。菩薩是不會貪著這些瓔珞珍寶的，但是他們爲何要如此示現呢？正因爲他們不貪著財寶，所以這些財寶、福德，正是善心、福報、慈悲、智慧與空性，所現起的果實，所以菩薩只是展現出福德、空性與智慧的自然果德而已，而從另一種角度來看，也能對衆生有深刻的教化意義。

所以，我們如果仔細觀察，可以發現哪個菩薩不富貴？但又有那個菩薩執著富貴了？經典中菩薩們隨手解下價值百千黃金的瓔珞珍寶相互供養，令人感動，因爲他們有心又有力，能眞正實踐富足光明世界的理想。

像觀世音菩薩又名爲「觀自在」，即被認爲具有十種自在，其中即有所謂的「財自在」，也就是能隨著心中的意樂而自在現起財富，而這種財自在能力的獲得，則是由累世布施的福德所成。

大乘菩薩體會了如同《金剛經》中所說的「無相佈施」。這種佈施不再是落於單純的佈施者佈施金錢、身體、法或無畏而已；而是以性空如幻爲主體，超越了佈施、接

受佈施的人與佈施的物品，而同歸法性。所以行無相佈施的人，沒有佈施的自己，也沒有佈施的對象，更沒有佈施的物品；而能永恆的實踐佈施波羅蜜。

　　如同在《華嚴經疏鈔》卷六十中，提到菩薩有塵德、財物德、聖法德、解脫等四德。其中塵德，是以色、聲、香、味觸等五塵境，幻化美麗無比。財物德，是指擁有七寶無不珍奇。

　　菩薩從空性中出生種種美麗的化境，黃、白、赤、青、黑等繽紛的色彩，象徵宇宙地、水、火、風、空五大體性的實相，將眾生被貪瞋痴的無明驅動，透過身語意三業所形成的煩惱，昇華成如來清淨的五種智慧。

　　開啟菩薩的珠寶盒，就像打開了菩薩的大悲福德寶藏，讓我們看見其中所深蘊的悲心、智慧與無盡福德，是布施、持戒、安忍、精進、禪定與智慧等六波羅蜜所積聚的莊嚴，是佈施、愛語、利行、同事等攝化眾生所積累的無盡福德。

　　了解菩薩身上的瓔珞莊嚴的深密內義，更能深入領受大悲福德的富貴加持。本書作者吳霈娟女士，以印度阿旃塔石窟的壁畫為主題，透過獨特的畫風與文字，描繪出菩薩瓔珞背後所蘊含的無盡深意。

　　祝福一切有緣看到、聽到、觸到菩薩瓔珞的眾生，都能圓滿具足如同菩薩大悲智慧、福德富貴！

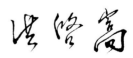

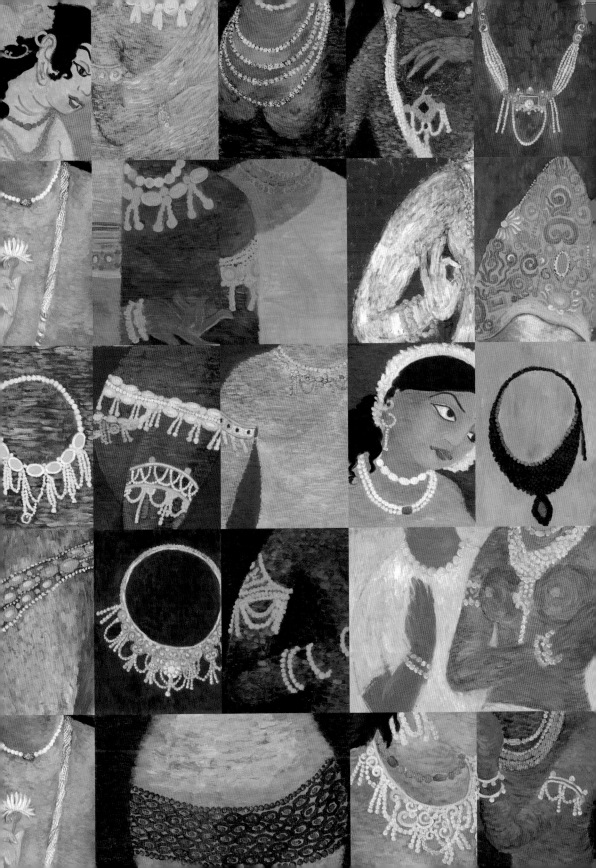

楔子
打開菩薩的珠寶盒

之一

　　二○一○年，跟隨著洪啓嵩老師所帶領的朝聖團到印度，那是一趟禪修與藝術石窟之旅，這已經不是第一次到印度旅行了，但每一次來都有全新的感受。飛機在德里機場降落，珊瑚色的天空，壟罩著五彩色的霞光，耳中似乎聽到那令人迷炫的音樂聲，我踏上了印度的土地。

　　街上熙熙攘攘的人群，攤販上賣著各式晶亮寶石鑲成的飾品，絢麗的珠寶觸目可及。恐怕印度人是最喜愛珠寶的民族，他們廣泛地將珠寶運用在生活之中。像世界文化遺產泰姬瑪哈陵，在白色建築物上鑲嵌各類珠寶，溫暖的陽光從不同角度照耀著，七彩的寶石展現出各種迷人的光芒與色澤，放鬆地進入眼簾。

　　佛教第一聖地，佛陀成道之地菩提伽耶，僧侶的唱誦聲、朝聖者禮佛的熱切、轉著經輪的的長者，遍佈在這充滿著奇幻能量的地方，記憶中這一切的影像與現實的景象不斷地交融著……

　　我在低溫的空氣中踩著溫熱的大地，聖地的力量似乎源源不斷的貫穿全身，天空中晶晶亮亮的光點，空氣中彌漫著神祕的沉香味，多麼奇特的旅行！

　　洪老師所恭繪的五公尺巨幅佛陀，被懸掛在菩提伽耶正覺大塔前，兩千三百年前阿育王所建造的山門，這是史無前例的殊榮！而佛畫的尺寸，在完全沒有預設的情況下，竟與山門尺寸完全吻合，巧合得太不可思議。在紀念佛陀成道的正覺大塔，洪老師現場揮毫，以大毛筆寫下六公尺寬十五公尺長的大佛字，禮敬供養佛陀。

　　在世界文化遺產，最重要的佛教石窟阿旃塔石窟第一窟前，洪老師又現場寫下巨幅

的心經書法與石窟中的壁畫蓮花手觀音對話。這幅心經在印度寫了一半，後半部是在中國雲岡石窟大佛前完成的，正如同佛法從印度傳到中國。

　　阿旃塔石窟是整座山開鑿出來的，由山壁剝落之處可看到各種不同晶亮的寶石，滿特別的山壁。當時洪老師在阿旃塔寫心經時壓紙的石頭，是大家在石窟附近撿來的。守衛特別告訴我們，這是世界文化重要遺產。我端詳著那塊晶亮閃爍的石頭，看著看著，心中想著：這不就是菩薩珠寶盒中的寶物嗎？似乎催促著我趕快進入菩薩瓔珞莊嚴的世界。

　　進入阿旃塔石窟，牆壁上繪滿了壁畫，洞窟內非常的陰暗，但在微弱的光線中，依稀看見很多美麗的色彩。尤其是畫中人物所佩帶的珠寶，如果用手電筒照，其顏色閃爍著像真的珠寶一樣的美麗光澤。

　　微弱的光線照著阿旃塔石窟的壁畫，天然的礦物顏料彩繪在晶亮的石壁上，隱約中看見壁畫中的菩薩，身上的瓔珞閃爍著寶石晶亮的光芒。

　　壁畫中很多是描寫佛陀的故事，還有印度當時生活的描繪，其中持蓮花手菩薩，每年全世界不知道有多少人爭相來看他。

　　菩薩S型的體態，臉上幽靜的表情，右手輕持著蓮花，頭戴著非常繁複的頭冠，頸上的項鍊卻是極簡的風格，整體的搭配產生非常特別的感覺。

　　就這樣，我進入了菩薩綺幻的瓔珞世界。

之二

　　佛菩薩出門不像我們凡夫俗子出門打扮得花時間，佛菩薩的瓔珞莊嚴是他們的心意
及功德所成，而自然呈現出各式裝飾品的樣貌。這些瓔珞大致可分為頭冠、耳環、項
鍊、臂釧、手環、腰飾、腳釧、手上的持物，甚至乘坐的座騎，都可包括在內。

　　每個菩薩的頭冠有其「基本款」，這些基本款有其規律。比如觀音菩薩戴的天冠多
以摩尼珠寶做成，上面坐著阿彌陀佛；大勢至菩薩標準款的寶冠上則佩有寶瓶。

　　相對於這些具有象徵意義的飾品，其餘身上的裝飾品諸如耳環（在經典中寫法為
「耳璫」）、項鍊、臂釧、手環、腰飾、腳環，這些裝飾品就隨著菩薩的心意而有不同
的變化，而增添不同的華美。通常項鍊會有一短鍊，另外加上垂墜感長項鍊，有時
還會再加上各佛菩薩的特殊裝飾品，如大日如來還可能於長項鍊下面再掛一條法輪項
鍊；臂釧、手環、腳釧、腰飾可簡可繁，若以印度佛畫畫風來說，當然是儘可能的繁
複，手環整排佩戴、腰飾豐富多樣、腳串叮噹作響——這說明，佛菩薩的瓔珞裝飾會
隨當地文化背景而呈現出不同的樣貌，像印度的佛畫，就會帶有印度當地的風貌，在
其他國家，也都會因應當時、當地審美觀與文化而有不同。

　　繪製佛菩薩像時，佛菩薩的身體各部分比例在《造像度量經》中有記載著標準化形
式製作。相關經典中亦詳細記載了各式各樣關於製作佛像、佛畫的規範，菩薩的身長
比例、膚色、服飾、持物等等，唯獨莊嚴飾品不會詳細規定其型制，反而瓔珞裝飾會
隨著時代、地區、文化的不同，也更能呈現當時、當地的美感價值。

　　如何辨識是哪尊佛菩薩，還可由菩薩手上的持物來加以分辨。我們一般人出門包包

裡頭放的都是自己要用的物品，但佛菩薩出門所帶的東西，都是為了幫助別人，與他的願力所需之物──如藥師佛手持鉢，鉢上有藥草，可以醫治世間眾生的病痛；觀世音菩薩手持淨瓶，帶給眾生長生富貴的甘露；憤怒的本尊們拿著威猛的持物，如普巴杵、金剛杵，以此降伏惡魔。

這些種種都是菩薩珠寶盒中的寶物。

另外菩薩出門一定不會忘記一件重要的裝飾，就是披上大悲鎧甲。大悲鎧甲是由菩薩的菩提心寶所形成的，守護著菩薩救度一切眾生．而菩薩的身體、言語、心意，也同樣都是菩薩的瓔珞莊嚴。

菩薩的一切，都構成了他的瓔珞莊嚴。

這麼多年再重拾畫筆，願以繪畫的形式，跟朋友們分享所見到的一切美與跟隨洪啟嵩老師學習的一切好，希望每個朋友都擁有自己的菩薩珠寶盒，讓我們的世界變成美麗的瓔珞世界。

章一
Chapter 1

瓔珞

據諸經典記載，淨土世界很多是由各種瓔珞珍寶所構成。

　瓔珞是由珠玉等物編織而成的裝飾物，多半圍繞在頸部，是人們很喜歡佩戴的首飾。除寶玉之外，亦有用花鬘等物編串而成的瓔珞。

　菩薩常頭戴寶冠，項鍊、臂釧等珠玉纓珞裝飾其身，手中還持有各式各樣的珍寶。

　但瓔珞還有更廣大的意義，如以戒、三昧、智慧及陀羅尼等，作為菩薩的瓔珞莊嚴。

1 │ 隨色摩尼寶

有一年在法國的聖誕夜晚，我被邀請到法國中部的一個城堡參加聖誕 party，空曠的大地上沒有路燈，我緩緩走向聚會的屋子。看見法國女孩灰藍色的眼眸，好像受到莫大的驚嚇。

原來，她看見一團銀色的光明一直朝著她移動，光明愈來愈近，直到她看見我的臉，還是神魂未定，以為是什麼神蹟示現。

這才發現原來神光是我的外套，當我走過藍色的霓虹燈下，我竟是穿著藍色晶亮的外套；走在紅燈下，就變成紅光的衣服。這會變色的外套，多年來仍掛在昏暗的衣櫥中，不再顯現任何變化，就是有點磨損的銀色杵在那裡。

後來學佛知道有摩尼寶這種寶珠，它有一個很有趣的特性，就像我這件外套一樣，它放置於黑色的地方就變黑色，放置於白色之中就變成白色，在什麼顏色之中就改變成其顏色；更特別的是隨色摩尼寶會隨著我們的心意而改變顏色。

其實，我們的心就像摩尼寶一樣，每個人都擁有自己珍貴的隨色摩尼寶，讓我們心中的摩尼光明自然地綻放，隨著心意放射出無量變異的彩色光明。

譬如蓮花色摩尼寶隨色影變，若置黑影形即變黑，
若置白中即變為白，隨其影形所在之處，
彼摩尼寶即同其色，所安置處隨其地分色即隨變。

————《大寶積經》

2 | 摩尼珠

高中畢業的那個暑假，母親第一次帶我到東京，我們到上野的美術館看畫展，站在一個作品前，端詳了好久，心中想著，有一天我也要畫出令人感動的作品。從此就到處看畫，東京、巴黎、米蘭不知道看了多少的世界名畫，常常迷醉於絢爛的色彩中，然而最令我驚奇的畫是洪啟嵩老師的畫。

有一次我看洪老師畫千手觀音，忽然看到畫面上布滿了晶亮的光點，我請問老師：「畫上布滿了金剛鍊光！」老師微笑。這才明白，老師雖然筆沾著彩色顏料畫畫，但其實他是沾著金剛鍊光畫圖。佛菩薩本來就是金剛鍊光所構成，老師畫菩薩時，也就如實的呈現出這個特點。雖然我們一般人看到的是佛像，但如果我們放鬆我們的心、放鬆眼睛，就可以與佛菩薩相應而看到其中微妙之處。

所以我也試著以這樣的心意，從無到有，畫出菩薩的摩尼瓔珞，在畫面上呈現躍動的光點。摩尼珠除了世間意義外，因為它的體性輕柔潔淨如法，具足一切功德，所以常被用來比喻佛性。其實每個人都擁有此寶珠，就像富二代身藏寶珠卻不自知，以為自己是窮人，如何受用呢？雖然自性的摩尼珠，大家沒法子識得，但是他的體性不會增加也不會減少，只要解開誤會與塵垢，自性摩尼寶珠的光明就豁然顯現了。

譬如帝釋有摩尼寶瓔珞其身，於天中尊。菩薩摩訶薩亦復如是，著菩提心寶瓔珞者，悉於一切三界中尊。善男子，譬如有人得隨意珠，除滅一切貧窮困苦。菩薩摩訶薩亦復如是，菩提心隨意寶珠，除滅一切邪命貧苦。

———《大方廣佛華嚴經》

3 | 如意摩尼寶

有個機會買了一串大約直徑兩公分大的白色的硨磲提珠，硨磲是佛經記載的七種珍寶之一，是深海中的貝殼，非常清涼消暑；夏天暑氣很嚴重，將提珠放置在頭頂上，昏熱的頭竟漸漸感到清涼。夏天常常帶著這寶貝清涼的工作，真是吉祥的珍寶。

如意摩尼寶所在之處，都呈現吉祥的景象。我腦海中突然出現一個想法，如果我們觀想千手觀音送給我們他的如意寶珠，將如意寶珠藏至心中，那我們的心不就變得輕柔潔淨，遠離垢穢？

就如意寶珠的特性來推演，不僅我們自己非常的吉祥如意，甚至我們所在的地方，都非常的幸福愉悅。這無價珍寶利用無盡，利益一切萬物。願每個人都有顆光明如意的珍寶，那麼我們所在的國度，就是清淨光明的世界了。

般若波羅蜜所止處，當知是處已爲有佛。譬如世間無價摩尼之寶所在著處，人非人不能得其便；若男子女人爲非人所持摩尼寶往，非人見摩尼寶者，不堪其威即自然去；若男子女人有寒熱之病，持摩尼寶示之其病即除，若持摩尼寶著冥中即時明；熱時持摩尼寶所著處即時涼，寒時持摩尼寶所著處即時溫；摩尼寶所置處諸邪之毒皆悉消除；若男子女人爲蛇蚖所中，見摩尼寶者毒即除其處愈。世尊！摩尼寶其德如是。

——《放光般若經》

4 | 菩提心寶

　　印度阿旃塔石窟中的蓮花手觀音像是我非常喜歡的壁畫，看著他的微妙身形，神秘的色彩表現，隨時準備救度眾生的心，總是讓我目不暫捨。

　　我也用自己的方式起筆畫下這尊蓮花手，雖然只要表現其身上的瓔珞，但我還是讓蓮花手觀音靜謐的心進入了我的心，然後試著以蓮花手觀音的心意繪出蓮花手觀音。畫面上自然浮現了蓮花手觀音微妙的身形，戴著光潔的瓔珞，希望與看見此畫的朋友，結下共同成就佛道的因緣。

　　菩提心寶是菩薩的珠寶盒中最重要的珍寶，每個菩薩都有菩提心寶，如果我們發起廣大的菩提心，長養自己的菩提心，菩提心即是菩提，擁有這第一珍寶，就能遠離一切災障，如所願到達圓滿的境地。希望每個人都能擁有菩提心寶，都能滿足所有的願求，完成每個人圓滿的生命。

善男子，譬如龍王首戴如意摩尼寶冠，遠離一切怨敵怖畏，菩薩摩訶薩亦復如是：著菩提心大悲寶冠，遠離一切惡道諸難。善男子，如有寶珠名一切世間莊嚴藏，若有得者，令其所欲悉得充滿，而此寶珠用無窮盡體不損減；菩薩摩訶薩菩提心寶，亦復如是，若有得者，令其所願悉得圓滿。而菩提心用不窮盡，體無損減。

———《大方廣佛華嚴經》

5 | 天冠

　　阿旃塔持蓮花手觀音頸上的項鍊非常簡約，但其寶冠卻非常繁複華麗。寶冠有很多種樣式，菩薩頂戴的寶冠常常也是一種識別物，讓我們容易分辨他是哪位菩薩，像觀音菩薩的寶冠中阿彌陀佛的尊像，大勢至菩薩的頂上有寶瓶。

　　在藏傳佛教中有一頂很有名的寶冠——黑帽，這是元憲宗蒙哥尊噶瑪拔希為國師，因而贈送給他的金邊黑帽，以表示地位之尊貴。噶瑪拔希是白派的第二世大寶法王。傳說這頂黑帽寶冠是空行母用他們的頭髮所編織而成，將此寶冠送給噶瑪拔希，一般人的眼睛並無法看見，蒙哥看見了所以仿製這頂黑帽送給他，讓眾人能看見這頂莊嚴的寶冠，也因此歷代的大寶法王都頂戴此黑帽寶冠。

　　靜下心來將寶冠呈現出來，畫一頂寶冠送給持蓮手觀音，讓大家也都能親睹觀音的寶冠。於日常生活中，當我們戴帽時，我們可以觀想自己戴著菩薩的天冠，讓自己俱足瓔珞莊嚴。

頂上毘楞伽摩尼妙寶以為天冠。其天冠中有一立化佛，高二十五由旬。觀世音菩薩面如閻浮檀金色，眉間毫相備七寶色，流出八萬四千種光明。……此菩薩天冠有五百寶蓮華，一一寶華有五百寶臺，一一臺中十方諸佛淨妙國土廣長之相皆於中現。頂上肉髻如頭摩花，於肉髻上有一寶瓶，盛諸光明普現佛事。

————《佛說觀無量壽佛經》

6 │ 莊嚴瓔珞身

　　佛陀的眾德是其身相最殊妙的瓔珞莊嚴，當看見這樣的身相，身心會感到莫大的喜悅與舒暢。

　　曾聽洪老師說過，有一回他在美國演講時，有人舉手說看見老師本人，他的身心便感到非常的放鬆舒服，當場就有位朋友印證為何會有這樣的覺受，他以他關於鏡面神經元的研究，來說明這個論點。

　　人類擁有一種稱為鏡面神經元的機制，這是大腦前額葉有一處神經細胞，會在看到對方動作後，自己在做該動作時出現相同反應。因為特質是「讓他人和自己的表現類似鏡面反射的神經細胞」，所以稱為「鏡面神經元」。像夫妻臉是最明顯的例子，相處在一起，漸漸的長得愈來愈像。

　　聽到這樣的事情，頓時感到前途一片光明，真是懶人福音；如果能有機會親眼目睹擁有像佛陀一樣圓滿相的人，或是身相很莊嚴的人，透過人類的鏡面神經元系統，放鬆地端詳對象，讓鏡面神經元自然的複製，我們的身心也可以體驗從來未曾有的放鬆愉悅經驗，或奇特不可思議的覺受，有朝一日我們也將擁有眾寶瓔珞莊嚴的身相。

爾時帝釋天主首戴摩尼殊妙寶冠，從忉利天來詣佛所。

見佛身相眾德莊嚴，心大歡喜得未曾有。

頭面敬禮佛世尊足，以大妙音稱揚佛德。

──────《福蓋正行所集經》

7 | 七種珍寶

　　天空是我最喜歡看的風景，在台灣，都市中的顏色非常的雜亂，可以常常偷看到的美景就是天空。有時騎著腳踏車，每每喜歡騎到太陽就在道路盡頭之處，很暢快地追著太陽，充滿光明的太陽，好像高掛在天空的大摩尼寶。

　　第一次看到狀如懸鼓的落日，是在印度的毘舍離，在昏黃的彩霞下，彷彿看得到佛陀回眸微笑的身影──毘舍離是佛陀要前往拘尸那羅入於大般涅槃前，最後一次回觀這個繁花盛開的城市。

　　看著印度偌大粉紅色的夕陽，夕陽西落的地方，是阿彌陀佛的極樂世界。

　　極樂世界有七寶池，其建築景物很多也以七寶來裝飾佈置，七寶常在佛教經典中出現，七寶是指七種珍寶，即金、銀、琉璃、玻璃、硨磲、赤珠、碼瑙。

　　阿彌陀佛是法界的建築師，珠寶瓔珞所構成的極樂世界是他的華麗作品。極樂世界是很多人選擇往生的首選世界，是一個很受歡迎的世界。

　　阿彌陀佛所在的地方就是極樂世界，知道這件事，心中非常的安心。心想如果我們心中有阿彌陀佛，那麼我們所處的世界就是極樂世界；讓我們的心成為阿彌陀佛的家，阿彌陀佛的極樂世界就是我們的家，這真是很美妙的事情。

極樂國土有七寶池，八功德水充滿其中，池底純以金沙布地。

四邊階道，金、銀、琉璃、頗梨合成。

上有樓閣，亦以金、銀、琉璃、頗梨、車磲、赤珠、馬瑙而嚴飾之。

────《佛說阿彌陀經》

8 | 七寶俱足

　　大學時期第一個家教的孩子，讓我印象非常深刻。從陽明山搭車到永康街，永康街是一條很有趣的街道，街上一間間好吃的小店，以及有特色的小店舖，上課時總是要早到先逛上一輪才去教畫，到現在我還是很喜歡來這條小街蹓蹓。

　　家教的孩子是一個白淨的小男孩，他的功課成績很好，就是美術成績低落，無法名列前矛，家長便決定請家教來補足。第一堂課我試著找出孩子的喜好，讓他從喜歡的事物中開始。他很喜歡吃花椰菜，我說，那我們今天就來畫花椰菜囉！他馬上提起比來畫花椰菜，毫不思索且念念有詞說著他最愛的感覺及部位，筆下也自然呈現出一朵一朵的花椰菜，我還真不知道花椰菜這麼好吃！

　　我心想：他畫得很好呀，怎麼會成績不好呢？當我把他畫圖的心理障礙打開後，他再上美術課，果然成績進步很多。所以我相信每個人都會畫畫的，只要把畫畫的鑰匙打開，就能畫畫了，這讓我想起《華嚴經》中的善財童子，他生下來就俱足種種的珍寶。只要將我們心中原有的珍寶打開，寶藏就自然流出了，因為我們本來俱足。

　　復於是時，觀察善財以何因緣而立此名？知此童子初入胎時，於其宅內，自然而出七寶樓閣。其樓閣下，有七伏藏，於其藏上，生七寶芽：所謂金、銀、琉璃、玻璃、赤珠、硨磲、碼碯。善財童子處胎十月，然後誕生，形體端正，肢分具足，其七伏藏，縱廣高下量各七肘，忽自開現，光明照耀，內外家族，視之無厭。

　　————《大方廣佛華嚴經》

9 | 眞珠瓔珞

學習了洪老師所教授的妙定功後，將這方法融入我的繪畫教學中。先讓學生明白如何讓手放鬆，再將放鬆的手黏住畫筆，人與筆成爲一體，所畫出的線條就完全不同，筆觸更放鬆自由。這方法除了讓學生們身體更放鬆之外，也讓他們的心自然地更柔軟放鬆，而自在的表現出他要畫的東西。

手放鬆地黏住畫筆，讓筆與手合一，讓繪出的筆觸成爲心的流露，讓心意化爲筆觸，筆觸與筆觸串連成珠鬘，構成身軀柔軟的感覺。

將心意再放柔軟些，畫面竟也溫柔了許多，脖子上戴的眞珠瓔珞也一顆顆柔軟的串成如意珠鍊，輕輕的依附在柔軟的身體上，讓柔軟的心繪出柔軟的珠鬘，心不知不覺也更加柔軟了。

柔軟與柔軟相觸，便成了光明的柔軟眞珠瓔珞。

爾時地神形體微妙，以種種眞珠瓔珞莊嚴其身。

於菩薩前從地踊出，曲躬恭敬捧七寶瓶，盛滿香花以用供養。

白菩薩言：「我爲證明，菩薩往昔於無量劫修習聖道今得成佛，

然我此地金剛之齊，餘方悉轉此地不動。」

作是語時三千大千世界六種震動，出大音聲，有十八相。

————《方廣大莊嚴經》

10 │ 瓔珞樹

　　看見千年的古樹，我心中總是產生莫名的感動，用手觸摸樹，感受樹爺爺矗立在大地上，接受日月的精華，不管太陽光線的強弱，曬得昏昏時站在那裡；沒有光線溫度很冷時，還是站在那裡；大風吹來，樹幹隨風搖曳，任憑風吹雨淋，幾千年就這樣自在的站立著。

　　這是很奇妙的感覺，大樹的瓔珞不就是如此嗎？

　　經典中所描寫的「瓔珞樹」，不論高度多少，全部都出生花與果實，將樹劈開則流出種種的瓔珞。妙的瓔珞樹生出瓔珞的花與果實，剖開其樹亦流出種種的瓔珞。

　　陽光照著樹，樹站在那裡，用雙手抱著大樹，感受大樹的生命力，在經過每一棵樹時，跟每棵樹打招呼、交朋友、聊聊天，領受樹的瓔珞。

次有瓔珞樹，高七十里者，有高二十三十至六十里，最卑者高十三里百二十步。皆生華實，劈之出種種瓔珞。

————《大樓炭經》

11 │ 瓔珞華

看了莫內畫的蓮花後，我心想何不以莫內蓮花的感覺與色彩來表現一下寶華瓔珞？於是在這樣的心意中，我繪出了這幅菩薩瓔珞莊嚴，彷彿置身在莫內的花園中，試著畫出蓮花的香味，讓各種感官能透過畫筆流出，畫不再只是停留在色彩的表現，加入各種心意元素，讓流動的筆觸呈現出寶華的心意。

進入各種不同的視野與心境來畫畫，彷彿進入完全不同的生命中，看到不同的世界，領受不同的感觸，似乎又創造出另一個境地，讓畫筆悠遊於不同的世界中。

像極樂世界中的蓮花都是由七寶所成，有無量千百億的葉子，葉中又有無量千百億的顏色，又有各種摩尼寶做成的寶網覆蓋其上。珠寶與珠寶之間的光線互相映射，映現出無量光明。

如果在種植花草時，想像置身於極樂世界中，種著極樂世界的寶花，寶花與寶花之間映現著無量色彩光明。給予植物這樣的心念，它們也會因此長得更漂亮，心念真的是一種很奇妙的力量。

一切廣大珍奇之寶，無有不生極樂界者。

阿難！彼佛國中有七寶蓮花，一一蓮花有無量百千億葉，

其葉有無量百千珍奇異色，以百千摩尼妙寶莊嚴，

覆以寶網，轉相映飾。

————《大寶積經》

12 │ 瓔珞的聲音

　　午后的陽光照著蔚藍海岸，像黃金的光跳躍在海面上，隨著波浪舞動著美妙的海濤聲，隨著呼吸一波一波打入了心房。

　　放鬆地聽著海的聲音，聽著海的金光。經典中說，瓔珞等器物可以發出空、無相、無願、無我的說法音聲，它是如何發出聲音？ 器物的聲音是以何種方式呈現呢？ 器物的形狀是聲音嗎？ 顏色是聲音嗎？

　　打破對聲音既定觀念的藩籬，聲音可以是光明、是影像，聲音也可能以各種方式呈現。

　　用繪畫的形式來表現聲音，將海的聲音用顏色、線條表現出來，看見聲音了嗎？

　　如果我們打開我們的心，放鬆放下我們的耳朵，讓耳朵由內到外放鬆，放鬆身心。打開我們的心，用鬆軟的心鬆軟的耳朵聽，聲音會自己進來，或許你會發現身心的新覺受，漸漸可以聽見無聲之聲，看見瓔珞發出聲音，你看見了嗎？

文殊師利法王子，作是念言，我當另舍衛城中，一切門戶、窗牖、牆壁、器物、樹木、枝葉、花果、衣服、瓔珞，皆令出空、無相、無願、無所有、無我、無戲論、無性之聲。

————《大寶積經》

13 | 瓔珞的本質

偶然佇足在Cartier珠寶店的櫥窗前，好漂亮華麗的珠寶，如葡萄酒般的紅色，配上透明的鑽石，鑽石中閃爍著酒紅色的光澤。

在這個時空裡面，此時此刻我們看到這些美麗的瓔珞寶珠，想想寶珠可能已經經過幾億萬年才形成今天的樣貌；在不久的將來，它也很可能因時空的變異而消失不見。

就像今天我們所擁有的珍寶，明天很可能也不再屬於我們了——有可能珍寶遺失，也有可能是我們自己消失在這世界。這一切多麼的虛幻不實，所以，珍寶也隨時都在無常變異中，俱足虛幻。

這樣的虛幻性讓我們可以盡情的在空白的畫面上揮灑，畫畫是最自由的時刻，可以不受任何束縛，將自我自由的展現，一個可以任意創造的世界，可以將別人強迫裝進我們腦袋的東西丟掉。

當我們了知瓔珞的虛幻性，不再執著著瓔珞珍寶，才能如實的擁有瓔珞珍寶。掌握了瓔珞的本質，同時也了悟萬物的本質，就能盡情創造藝術的時空。

復觀識蘊猶如幻化，如世幻師幻作金銀珍寶真珠瓔珞，求其實體了不可得。菩薩摩訶薩以正智慧見第一義，了識性空猶如幻化。以是因緣，名正知見。

————《大乘理趣六波羅蜜多經》

漫畫 佛學思想

Buddhism in Comics

蔡志忠

大塊文化
LOCUS
Future · Adventure · Culture

漫畫哲學經典

從漫畫靠近閱讀，原來讀懂經典也可以很簡單

蔡志忠最令人感動的部分，並不是他在漫畫界取得了多高的成就，而是他所作畫的主題，每每都是經典文學，卻沒有一點屬於煽情、暴力的成份，反而處處透露著他長年鑽研古籍後所得到的真知灼見，並且以著如此的堅持，成為兩岸三地漫畫界的第一人。近年來鑽研於佛學與物理的他，除了不停追求兩者的深度，同時也並未放棄對於中國經典思想的再度考究。

他的畫作不拘泥於考古，創作春秋戰國時代經典的《孔子說》、《孟子說》時，並不將古代的刀幣、竹簡畫於畫裡，反而以紙、錢幣代替，即便年代不符，但將物品回歸到物品，反而成為讀者最容易理解的結構，更能夠正確的傳達經典的內在思想底蘊。

這套《漫畫道家思想》、《漫畫禪宗思想》、《漫畫儒家思想》、《漫畫佛學思想》，有些很創新的思想，比如蔡志忠將佛家眾多典籍，梳理成為《佛陀說》、《禪說》兩大部分，省了讀者面對佛經難以入門的不知所措，又將國人較熟知的《心經》、《六祖壇經》、《法句經》單獨獨立為篇章，使這些典籍的精髓可以更加深入人心。儒家思想亦如法炮製，他將自己對於孔子學說的心得感想，獨立成為《孔子說》，又對《論語》、《孟子》、《大學》《中庸》再做探討，如此一來，簡直是一部引領讀者輕鬆入門的《四書》了。無怪乎有讀者寫信要求蔡志忠，希望他的作品在大學考試前出版，因為有什麼方式比漫畫更容易吸收理解？

作者 蔡志忠

以作品《莊子說》、《老子說》、《孫子兵法》等中國典籍漫畫征服書市，創下總銷量四千萬的佳績，通行世界四十五個國家，閱讀人口上億。2011年，他發表了閉關十年的心血結晶《東方宇宙三部曲》，將書筆的力量延伸至物理數學，以東方思維重新解讀物理公論，並以此書入圍第三十五屆金鼎獎。

單本定價450元　套書定價1800元　75折1350元

我的耕食生活

關於農事、食物與愛
了解有機、永續、在地綠生活真貌最真誠的一本書

大王（「大王菜舖子」主人）、朱慧芳（綠色有機食材專欄作家）
吳東傑（綠色陣線協會執行長）、林黛羚（《蓋自然的家屋》、《老屋綠改造》作者）、賈買氏（《棄業日記》作者）、楊儒門（248農學市集召集人）、廖鴻基（海洋文學作家）、賴青松（「穀東俱樂部」發起人）、感動推薦（依據姓氏筆畫排列）

三十多歲的單身女作家克婷住在繁華的都會紐約，有一天，她開了六個小時的車到小鎮農場採訪農夫馬克，這位渾身土氣的忙碌農夫不但讓穿著當季時裝的克婷捲起袖子鋤菜，還叫素食主義的她幫忙殺豬，這是怎麼回事？

兩個不同世界、個性南轅北轍的人因為這個機緣而相識、進一步相戀。渴望家庭的克婷出於一時衝動，拋下城市五光十色的生活，移居鄉間和馬克共創「愛瑟農場」，開始了擠牛奶、種菜、養牲畜的「耕食生活」。農場堅持環保天然的方式種植，由農人駕馬兒拉曳耕種，而非藉助電動曳引機，肥沃的土壤則來自堆肥。農場種的作物用來自食，且供給社區居民認購取用「一周飲食」，產品可能有牛肉、豬肉、雞肉、牛奶、蛋、楓糖漿、穀物、麵粉、乾豆、香草、水果和四十種不同的當季蔬菜，全部由農場生產。消費者能目睹、且參與食物化育過程，品味到原汁原味的美食。開農場聽來浪漫、卻有些冒險，經過一年努力，他倆竟然成功了！但中間發生多少衝突，又有多少無厘頭的突發事件，還有多少難關要闖……

《我的耕食生活》是克婷與馬克在農場第一年的感動記事，從北地的寒冬直到秋季豐收，以他們在穀倉閣樓舉辦的爆笑婚禮作結。克婷把她的爆笑生活寫成《我的耕食生活》，受到了美國媒體的好評，在亞馬遜書店更得到讀者五顆星狂推。

作者 克婷·津寶（Kristin Kimball）

農人兼作家，定居紐約北部。尚未務農前，津寶從事自由寫作，曾是寫作老師，並於出版經紀公司擔任助手。哈佛大學畢業的她，自2003年起，即與她的先生一同經營愛瑟農場。

定價280元

聽診器與念珠

十八種感動，看到宗教的生命智慧，釋放出人生最後的圓滿。

安寧緩和醫療最核心的課題就是「靈性照顧」，這對於許多醫療人員而言，是相當的陌生。台大醫院緩和醫療病房開風氣之先，引進臨床佛教宗教師，並且培訓他們在病床邊照護病人的能力。

剛開始，病人對於臨床宗教師無法接受，看到宗教師來到病房邊服務時，往往婉拒，甚至有些會很激動地對宗教師說：「我還不想被超度！」或是：「我沒錢給你化緣。」讓宗教師不得其門而入，備感挫折。經過醫療團隊再次慎重引薦，說明宗教師也是醫療團隊中重要的成員，不是來病房傳教，而是來協助病人的靈性照護與生命提升，病人和家屬才漸漸接受。

醫院的安寧團隊，常接到已逝病友家屬的感謝函，謝函內容被提到最多的是宗教師，他們非常感恩，親人在最後一段日子，能遇臨床宗教師，讓病人能放下世俗的煩惱，圓滿往生。多年來與宗教師共事的經驗，深深覺得，宗教師是開啓「善終」之道的好夥伴，照顧病人過程常常在「山窮水盡疑無路」時，宗教師的出現，頓時「柳暗花明又一村」。

不諱言也有人拒絕宗教師的關懷，傳統的民間信仰看到法師多半在喪禮上，在末期病人與家屬眼中，法師難免有不同的象徵意義；另外不同信仰的人，也會拒絕法師，殊不知臨床宗教師，是沒有宗教分別的，也不是來傳教的，更不是專門執行某些儀式的代表。

全書以十八個男女老少不同年齡層、生活背景、心靈包袱與挫折爲例，改寫個案，闡述了當醫療極限只能幫人的善終做到80%的時候，臨門一腳，20%的靈性照顧，將讓臨終的末期病人與家屬，得到生命中的釋放與無所罣礙。

作者 姚建安

臺大醫院緩和醫療病房主任、臺灣安寧緩和醫學學會秘書長

定價280元

章二
Chapter 2

風景

瓔珞不僅是菩薩們的自身裝飾，更是擴及整個外境，菩薩的心量廣大，所有的外境也同時會相應於菩薩的悲心與智慧，化為瓔珞。

　　把心放下，將眼睛放鬆，瓔珞的風景世界，自然映入眼簾。

1 珠寶瓔珞雲

" Sous le ciel de Paris "——巴黎的天空下，非常美的香頌，不同季節的巴黎天空就像多變的法國女人，往往有令人驚艷之處。巴黎夏天的傍晚，七八點天空的彩霞在藍藍的天空中，紅、橙、黃、綠、藍，色彩的名稱並不足以展現大自然的色彩力量。

九點天空仍然變換著彩霞的顏色，真的飽足了眼睛，把眼睛養得好舒服。

到一個國家旅行，我特別愛欣賞每個城市的天空，不同的緯度、不同的季節，都會呈現出不同的美麗。

而《華嚴經》中的華嚴世界，更展現出各種不可思議繁複華麗的世界。從一個毛孔中可以看見一切佛土的廣大景象，虛空中是雜寶瓔珞雲、如意寶雲。

雜寶瓔珞雲呈現各式不同色彩的雲，加上每個雲朵是珠寶瓔珞構成，除了具有珠寶的光芒外，雲彩之間還會相互映射，黃中有橘、橘中有綠、綠中有紫、紫中有紅、紅中有藍，再相互輝映，珠寶網編織的雲彩。

不同的世界會展現不同的樣態，無論如何，還是可從中看見其美麗之處。

見一一毛孔，念念中出一切佛剎極微塵數種種繒綵雲，種種雜寶瓔珞雲，種種如意寶雲，遍法界虛空界、一切如來眾會道場，普雨一切瓔珞繒綵，令一切眾生成就愛樂。

————《大方廣佛華嚴經》

2 | 供養雲

我在法國尼斯的家，離馬蒂斯美術館只有兩分鐘路程，特別找這房子，就是想了解馬蒂斯看見了什麼，因而能畫出那麼美麗的畫面。

是的，天邊掛著瓔珞的彩雲，一點一點彩色的晶亮聚集成各種不同形狀的雲，風吹襲過雲，又變化成不同的微妙形狀，看著看著，自己似乎也化成了雲彩，彩色光點的人形雲彩，身體變著非常的輕、非常的柔軟、非常的沒有實質，晶晶亮亮的。

我是一片晶亮的雲，蔚藍的晴空是我的家，乘著風到處旅行，看著大地的太陽花、油菜花，風吹著黃金色的麥田，一波一波的黃金浪，一波一波的黃金浪……

天幕已改變妝扮，黃昏的彩霞映著海水，時間在彩霞中漸漸消逝。

龍女顯現不可思議的龍自在，雨下不可思議的莊嚴雲，或許在蔚藍海岸藍天上的摩尼寶雲，是龍女自在顯現的雲？

不可思議龍女，顯現不可思議諸龍自在，攝取眾生。

雨不可思議香莊嚴雲、華莊嚴雲、鬘莊嚴雲、寶蓋莊嚴雲、寶幡莊嚴雲、眾寶莊嚴雲、無價摩尼寶莊嚴雲、寶瓔珞莊嚴雲、寶座莊嚴雲、寶宮殿莊嚴雲、寶蓮華莊嚴雲、寶冠莊嚴雲、天形像莊嚴雲、天女莊嚴雲雨如是等雲，各不可思議，普照十方一切世界，而以供養一切如來，普令眾生皆大歡喜，充滿法界。

————《大方廣佛華嚴經》

3 │ 瓔珞雨

巴黎的雨天，讓巴黎顯得更陰暗濕冷，黑色的傘下黑色的衣服，眼角閃過一抹紅色，心中一絲的驚喜，這就是巴黎美麗的地方，總是在一個冷漠處又展現出另一種新意，跳躍出另一種生命激情。

聽著窗外漸漸大的雨聲，綿綿密密的雨環繞著房子，雨打在地上的聲音串成一片，似乎還可聽見雨滴們落地聲的間隙。

大雨不停地下著，雨聲似乎從身體內發出，已經分不清是內或外，雨聲、雨、自己……就只是雨摩尼，愈變愈大、愈變愈大，大到無有邊際，再愈變愈小、愈變愈小，小至極微小，至微晶亮的雨摩尼……

在屋內聽著雨摩尼之歌，聽著瓔珞雨落下的音聲，瓔珞雨相互間碰撞的聲音，多麼美妙，這不就是菩薩供養我們自性如來的瓔珞寶珠嗎！

或有菩薩於此世界雨真珠寶、雨妙瓔珞或雨金、銀、琉、頗梨、車磲、瑪瑙以供養佛陀，菩薩總是能夠以各種不同形式的瓔珞珠寶供養佛陀。

爾時此界具足多有無量菩薩，如是菩薩悉共供養如來世尊，或有菩薩於娑婆世界雨諸雜香以供養佛，或有菩薩於此世界雨真珠寶以供養佛，或有菩薩於此世界雨妙瓔珞，或雨金銀琉頗梨車磲馬瑙，或雨栴檀沈水諸香，或復有雨牛頭栴檀，或雨諸華須曼那華以供養佛，或有菩薩以真實法讚歎於佛。

————《大方等大集經》

4 ｜樹

在經典中有著眾寶充滿的世界，有著各種不同的寶樹森林；寶樹是指珍寶所成的樹，能夠應時而流出衣服、首飾等一切所需之物，所以被稱爲寶樹。

在地球上，我們也擁有很多寶貴的森林資源，當我們漫步在森林中，享受著芬多精的同時，是否心存著感恩，感謝大樹給我們的一切？

以前在法國念書時有位挪威的同學，她長得又高又壯，皮膚非常的白皙，一副標準維京人的樣子，她的精力總是比我們這些低緯度國家來的同學好得多，聊天一整夜也不用睡覺。有一次我們徹夜聊天，隔天就直接去凡爾賽公園野餐，凡爾賽公園裡頭有很多的樺楊木，充滿繽紛色彩，又高大，一人無法環抱。樺楊木也是她故鄉常見的樹，她離開家鄉很久，非常想念故鄉，就上前緊緊抱住樺楊木。我第一次看到有人對樹木有這麼深的感情，看她抱著樹，就像回到家鄉一樣。現在，我學會心存感謝散步在樹林中，這樣的心情，讓我的呼吸似乎更鬆些，感覺含氧量更多些，也特別能夠聞到空氣中的清新味道。淨土世界有著各種寶樹，欣羨之餘，也感謝地球上的寶樹，給予我們各式豐厚的資源。

爾時於此三千大千佛之世界，眾寶充滿，種種妙花遍布其地，寶幢幡蓋處處行列，花樹、果樹、香樹、鬘樹、衣樹、諸雜飾樹，周遍莊嚴。甚可愛樂。

————《大般若波羅蜜多經》

5 │ 綠色的呼吸

　　地球上有很多奇妙的珍寶大樹。我去雲南參訪了一座原始森林，不知道是幾百年還是幾千年的古樹，只見古樹參天，森林的味道甜甜香香的，盡是濃郁的芬多精，儘管高海拔的空氣稀薄，但是每一次的呼吸都充滿了氧氣。輕輕的由鼻孔的中心吸進綠意盎然的空氣，氣息由身體的中央進入而遍布全身，漸漸地，感覺身體好像由綠色晶亮的光明所組成，每個毛孔都張開奢侈的吸著氧氣，在這光明綠色的世界裡呼吸著。

　　雖然都市的生活空間狹小，可是，讓我們不再拘泥於窄小的環境中，讓我們所有一切看到的、聽到的、聞到的、嚐到的、感覺到的都是光明，空間的大小就不再是問題了，無論身處何處，一切不都是眾寶光明所成的世界。

　　阿彌陀佛淨土上的道場樹非常的高大，而且是由眾寶自然合成，寶樹上長寶果寶花，其上還有寶瓔珞裝飾，其上覆有妙寶羅網，百千萬色變化萬千，無量的艷光四射。

阿彌陀佛刹中，其道場樹高一千六百由旬，四布枝樹八百由旬，根入寶地五百由旬，及一切眾寶自然合成。花果敷榮作無量百千殊麗之色，於其樹上復以月光摩尼寶……復有真妙寶網羅覆其上，成百千萬色種種異變，無量光艷照耀無極。

————《佛說大阿彌陀經》

6 | 摩尼大山

　　走在雲岡石窟的大地上，雲岡大佛安定的坐在那兒。學習將地、水、火、風、空五大放下，將大地放下，大地走起來柔柔軟軟的，小草柔軟的搖曳著，晶亮的綠色映入眼簾，天是藍色晶亮的；風徐徐的吹來，全身的毛孔迎接著風，風走在風中，全身都自然微笑起來。

　　眼睛很放鬆的讓微波盪漾的綠色湖水進入眼簾，水波陣陣柔軟地漂蕩至心湖，湖水微動映現出綠色的景象。

　　每座山巒如同綠色摩尼寶積聚的摩尼大山，柔軟晶亮的安立在自己的所在位置，摩尼寶山柔軟安住在大地上，一切萬物柔軟地安住在自己的本位上。

　　記得經典中有描寫以各式摩尼寶所積聚的摩尼大山，非常有趣。有以七寶積聚的寶山，大焰寶積聚的寶山，大光明寶積聚的寶山，所有如意寶積聚的寶山。

　　每個摩尼寶晶晶亮亮，一點一點非常的晶亮，每一個摩尼寶互相映照，整個摩尼寶山相互映照，柔柔軟軟相互映照著，光明映照著光明。

示現金聚銀聚、璃聚玻聚、硨磲聚碼碯聚、大焰寶聚、離垢藏寶聚、大光明寶聚、普現十方寶聚、寶冠聚寶印聚、寶瓔珞聚、寶璫聚寶釧聚、寶鎖聚珠網聚、種種摩尼寶聚、一切莊嚴具聚、如意摩尼聚，皆如大山。又復示現一切華、一切鬘、一切香、一切燒香、一切塗香、一切衣服、一切幢幡、一切音樂、一切五欲娛樂之具，皆如山積。

————《大方廣佛華嚴經》

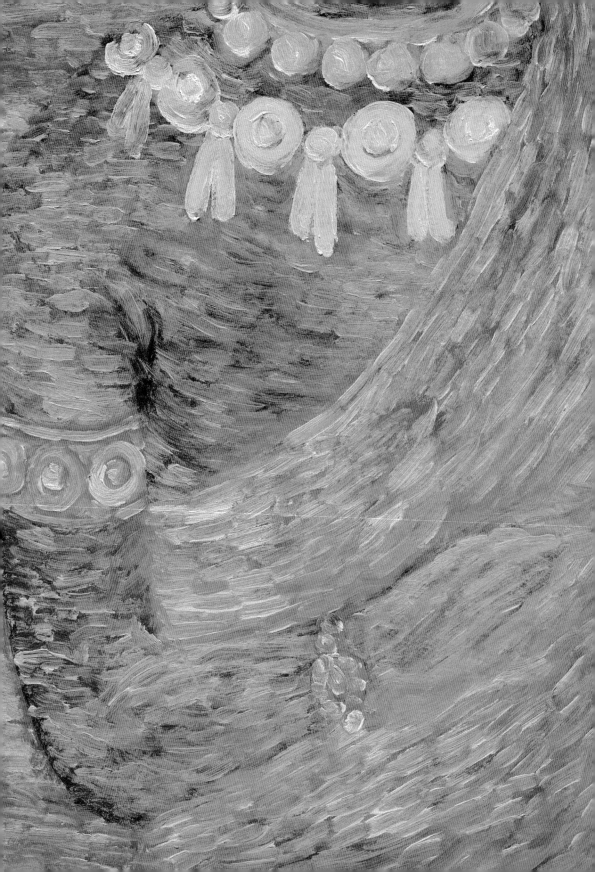

7 | 瓔珞的風

　　微風徐徐吹動垂下的眾寶繒幡，摩尼寶間的光流發出聲響；寶戶牖間垂著諸瓔珞，從摩尼寶珠身中流出香水。

　　多美的情境，這讓我憶起印度雞足山的風。一夥人一起登上雞足山，有印度人為前導，隊友累了，印度人就會拉著她的手快速前進，挺有趣的服務。禮拜了迦葉尊者，找了一個可以遠眺整個村落的景點，終於可以坐下來感受一下此時此地此景。

　　風徐徐的吹來，風好像穿透我的身軀，全身的毛孔都張開迎接這充滿能量的風，風的能量靜靜地與我相合，彷彿我也變成了清淨能量的風，感謝聖者的加持，聖地總是讓我們體受到不同的經驗。瓔珞的風吹著瓔珞的身，漩流中發出光明的聲響；朋友，當風輕觸你時，莫忘敞開心胸、張開雙臂，迎接這美麗的春風。就像身處在經典中的世界，微風徐徐吹動垂下的眾寶繒幡，摩尼寶間的光流發出聲響；寶戶牖間垂著諸瓔珞，從摩尼寶珠身中流出香水。

大寶蓮華從地涌出，金剛為莖，妙寶為藏，摩尼為葉。光明寶王以為其臺，眾寶色香以為其鬚，無數寶網彌覆其上。於其臺上有一樓觀，名普納十方法界藏，奇妙嚴飾，金剛為地，千柱行列，一切皆以摩尼寶成。閻浮檀金以為其壁，眾寶瓔珞四面垂下，階陛欄楯，周匝莊嚴。……光流響發，寶華幢中雨眾妙華，寶鈴鐸中出美音聲，寶戶牖間垂諸瓔珞，摩尼身中流出香水。

————《大方廣佛華嚴經》

8 | 海

太陽光照著蔚藍海岸的海水，海水波光粼粼，隨著太陽移動的角度，海水變化出不同的顏色，光線微妙地轉化海水的顏色，海水呈現出冰淇淋粉粉的色彩，揉揉眼睛，顏色又稍稍改變，或是粉橘或是粉紅或是粉黃，各種奇異的色彩。

太陽行走在海上，海水蕩漾著百千億萬變異的色彩，望著海水，眼睛放鬆，眼睛自然映現著海水的美麗。是海水讓我們看見了嗎？就這樣，地中海打開了我色的世界，綺麗幻化的色彩無限延伸變化……

佛菩薩身上的瓔珞竟是光明所化成，瓔珞就像海水一樣，普遍映現出一切的美好莊嚴。海水的波光映照著我的身體，原來，佛菩薩的身體也是晶亮的光明所成。

瓔珞中普現一切莊嚴事，就像法國南部的蔚藍海岸所印現的美妙綺幻的世界。

次亦應觀觀世音菩薩，此菩薩身長八十億那由他恆河沙由旬，身紫金色，頂有肉髻，項有圓光……臂如紅蓮花色，有八十億微妙光明以爲瓔珞，其瓔珞中普現一切諸莊嚴事。

————《佛說觀無量壽佛經》

9 | 香水海

　　站在巴黎的新橋上，看著陽光灑在塞納河上，玻璃船穿梭在其間，波光瀲瀲，這是摩尼寶網的河面嗎？

　　太陽的光明似乎映照出光明摩尼映徹的空間，在樹梢上閃爍的綠光，虛空中佈滿一點一點晶亮，都會中建築物的玻璃帷幕反射出光明虛幻的事物，只要稍不留心，光明摩尼在眼角閃過。

　　追逐著太陽日照的路線，光明在事物中移動著，陽光照注我們的軀體，身體複製著光明的感受，身體一點一點的化成了光明，溫溫軟軟的，光明的身體漫步在光明的小徑中，光明的腳踩在光明的大地上，光明的小草隨風搖曳著，光明的心融化在光明的虛空中。

　　《華嚴經》中所描述的世界，常常令人大開眼界，一切妙寶莊嚴其底的香水海，妙香摩尼莊嚴其海岸，毘盧遮那摩尼寶王以為其網，香水映徹，具眾寶色，充滿其中——這是多美的畫面。

此世界海大地中，有不可說佛剎微塵數香水海。一切妙寶莊嚴其底，妙香摩尼莊嚴其岸，毘盧遮那摩尼寶王以為其網，香水映徹，具眾寶色，充滿其中。種種寶華旋布其上，栴檀細末澄垽其下。演佛言音，放寶光明。

————《大方廣佛華嚴經》

10 | 瓔珞的世界

　　在紅色的空間中，浮現出菩薩的瓔珞項鍊，以光明的心意繪出瓔珞的光明。多麼希望我們生活的世界就是瓔珞世界，全身戴著珠寶瓔珞走在路上，想著自己踩在黃金大地上，所看到的花草植物都是瓔珞所成，天空是瓔珞雲，吹著的是瓔珞風，呼吸著瓔珞的空氣，心中的煩惱都化成了瓔珞。

　　天地只剩下滿滿的瓔珞，我是瓔珞，你是瓔珞，相互交映的多彩瓔珞世界。

　　佛經中曾記載一個名副其實的瓔珞世界，其國名就有寶字，國中的人民不僅身上瓔珞莊嚴，個個長得貌美俊俏威力，勇健精進智慧俱足，而且通達眾多技藝。城的名字就叫妙寶，皇后的名字也有寶，這個世界的花、樹全部都是珍寶所成，真是非常寶的瓔珞世界。

有世界名寶燈，其世界七寶所成，其城四面，廣一由旬，多諸人民安隱豐樂，彼諸男子及諸女人、童男、童女，一切瓔珞莊嚴其身，上妙寶冠嚴飾其首，容貌端嚴，有大威力，勇健精進，智慧具足，通達眾藝。城中有王名曰：妙寶，有八十俱知大臣輔佐圍遶，其王皇后名光明寶，有二萬宮人，皆如天女前後侍奉，彼世界中所生花樹及諸香樹。皆是七寶所成。水生諸花亦是七寶所成，陸生諸花皆是閻浮檀金所成。

————《大寶廣博樓閣善住祕密陀羅尼經》

章三
Chapter 3

自在

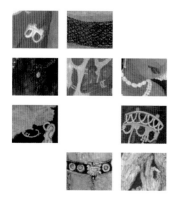

我們佩戴著美好的瓔珞時，應該學習著不執著於瓔珞之美。

　　因爲美麗的瓔珞構成了菩薩身上的莊嚴，菩薩並不執著於瓔珞，這無損於瓔珞之美；也因爲菩薩不執著於瓔珞的美麗，瓔珞更因此自然而然散發著它們的美好的樣貌。

1 | 放下瓔珞的執著

參加 Ferderic 的生日 party，不像電影宮廷中華麗的盛宴，男男女女裝扮成各種綺麗風格，以各式珍寶讓自己更晶亮顯目，或顯雍容華貴或搖滾龐克風，在在都盡其可能裝扮自己，或讓自己歡喜或吸引眾人的目光，引發人們的貪戀愛著，接著發生各種美麗故事。

在這場 party 中，大家都是儉約的裝扮，盡興地喝著紅酒、白酒、香檳，宴會中只有我一個東方女孩，法國朋友很客氣的跟我聊著天，那時剛去法國不久，使用著我知道的一些簡單的法文交談，竟然還談得很開心。

結束後，出門走在昏黃的街燈下，安靜街道的低空，掛著一輪皎潔的明月，這輪明月也是在家鄉看的明月，卻是帶有法國味道的月亮。

如此喜愛著月亮，將月亮放置胸中，讓月摩尼珠閃耀在心中。或許這也是對月摩尼的一種貪愛，將貪愛放下，在愛染中將愛染放下，月珍寶瓔珞依舊莊嚴。

若有丈夫於彼女人，妄生淨想起重貪染，菩薩即便示現女身，端正殊妙，色相具足，珍寶瓔珞，種種莊嚴，猶如天女，昔所未見。隨彼眾生，令其愛著，極貪戀已，量彼堪任，方便拔其貪欲毒箭，以自在力還變女身，現其人前而為說法，令彼眾生通達法界，便沒不現。若有女人於彼丈夫心生愛染，菩薩便為現丈夫身，乃至拔其貪欲毒箭，而為說法，令入法界便沒不現。

————《大寶積經》

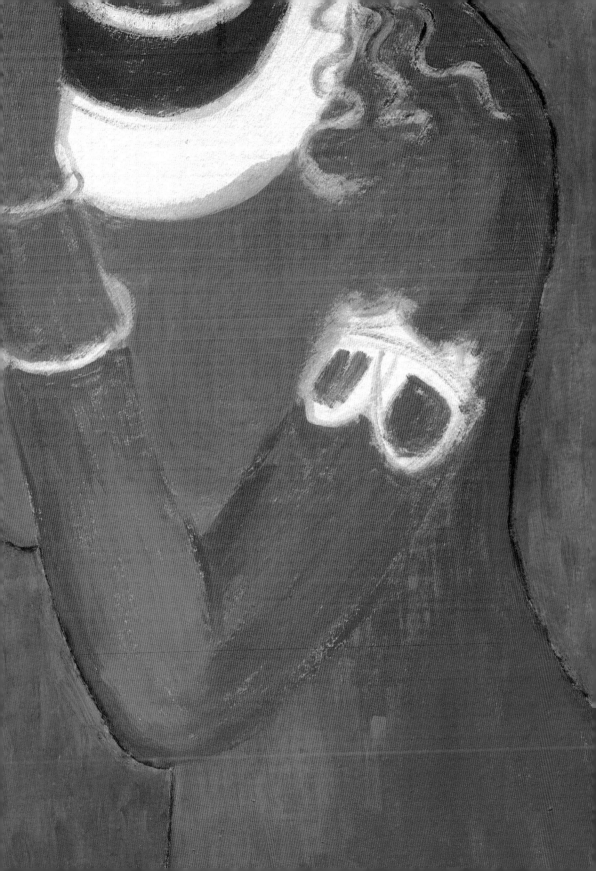

2 | 瓔珞施與受

在巴黎第三大學上課時，有一位澳門的同學，平常大家打打招呼也不太交談。有一天發現她愁眉苦臉，臉上表情非常憂悽，就走去她身旁關心一下。

原來她先生在巴黎巴士底歌劇院（L'Opera de Bastil）唱聲樂，那是一場與多明哥一起表演的歌劇，在巴黎表演時舞台上有一座山，同一場表演要移去西班牙巴塞隆納表演。因為場地的關係，原來低矮的山移到巴塞隆納歌劇院卻變成四層樓高的山。

所有的表演者都登上了山，除了多明哥之外，就在這一瞬間，山垮下來了，表演者都摔下來，大家都傷得非常嚴重。她的先生脖子受傷，無法再繼續工作，本是光明的前途一夕之間轉成黑暗。

我告訴她或許打坐可以幫他恢復健康，她說那試試看好了，於是我去她家教她先生打坐。她先生非常認真打坐，每天早晚坐兩次，一星期後她先生打電話給我，說他流出好髒好臭黏稠的汗，身體感覺輕鬆許多。就這樣每天打坐，身體漸漸復原，有一天他去醫院探訪他的同事，他的同事每餐要吃二十幾種藥，同事很訝異他怎麼復原，場面很悲悽。可以將學習到的好東西供養給朋友，而且能夠受用，心中真是太高興了。

無盡意菩薩復白觀世音菩薩言：「仁者，愍我等故受此瓔珞。」爾時，佛告觀世音菩薩：「當愍此無盡意菩薩、四眾、天、龍、夜叉、乾達婆、阿修羅、迦樓羅、緊那羅、摩侯羅伽、人、非人等故，受是瓔珞。」即時觀世音菩薩愍四眾……，受其瓔珞，分作二分，一分奉釋迦牟尼佛，一分奉多寶塔。

———《妙法蓮華經》

3 | 瓔珞的供養

從小我就愛畫畫，上了美術系到法國留學，都受到媽媽大力的支持，家中有十個兄弟姊妹，排行老十的我著實受到父母很多的關愛。可以這樣盡情地一直做自己想做的事，沒有母親的後盾，恐怕都別想要過這樣的日子。

母親的身體隨著歲月日漸衰敗，我回老家看媽媽也漸頻繁。那天躺在病床上的母親，從錦袋中取出項鍊送給我，我心中莫名生出一些酸痛，手中接下這個珍寶，而這竟是母親告別的禮物。

得到母親如此多的供養瓔珞，感謝母親對自己的養育之恩，感謝父母不求回報的養育瓔珞，祈願天下的父母都俱足瓔珞莊嚴。感謝老師們的教授瓔珞，祈願過去、現在、未來的老師都俱足瓔珞莊嚴。

聞此法門心淨歡喜踊躍無量，以諸供具供養於佛，所謂：種種妙花、種種名香、塗香、末香、衣服、瓔珞、幢幡、鬘蓋以為供養，或以種種微妙音聲、歌詠讚歎恭敬供養，或以頂上髻中明珠、額上明珠、耳璫、頸珠而用供養，或以摩尼妙寶瓔珞、真珠瓔珞、月形瓔珞、嚴諸身分種種瓔珞，寶鎖、寶印、寶釧、寶鐶、寶鏡、寶帶、寶篋、寶冠，眾妙衣服，種種嚴具，諸妙鈴鐸，俱散道場，恭敬供養。

———《守護國界主陀羅尼經》

4 | 瓔珞的布施

試著以布施的心意畫出菩薩的布施瓔珞，瓔珞珍寶的布施，是把最心愛的珍藏供養如來、布施眾生，藉由布施將貪愛珍寶的執著去除。布施時體念這三者本是空，而且不存有任何執著，布施者放下布施的行為，放下布施的物件，對於接受布施的人也放下沒有執著，而且連放下的也放下。有些人有布施的好習慣，卻吝於讓自己成為被布施者，有施者就有受者，讓自己成為受者，再歡喜地轉換成施者；從布施珍寶瓔珞的行為中，走進光明的瓔珞大道，身心何其自由舒暢在光明的瓔珞世界。

聚集各種瓔珞珍寶也是菩薩所成就的解脫境界，真是太美妙了。將所有的珍寶積聚成金山、銀山、琉璃山、玻璃山（水晶山）、硨磲山、瑪瑙山、摩尼寶山⋯⋯，如果我們身處在這寶山之中，可能高興得昏倒在寶山中了。而大天告訴善財，拿取這些珍寶供養如來，並施予一切來攝取眾生，顯現難捨而能捨的行徑，希望他修學布施波羅蜜。

善男子，我已成就菩薩解脫，名為雲網。善財白言：「聖者，雲網解脫境界云何？」爾時大天於善財前，示現種種金聚、銀聚⋯⋯種種一切寶莊嚴聚、種種如意摩尼寶聚，一一積聚皆如大山。⋯⋯而彼大天，告善財言：「善男子，今恣汝意可取此物供養如來，修諸福德，并施一切，攝取眾生。顯示難捨而能捨故，令其修學檀波羅蜜。」
————《大方廣佛華嚴經》

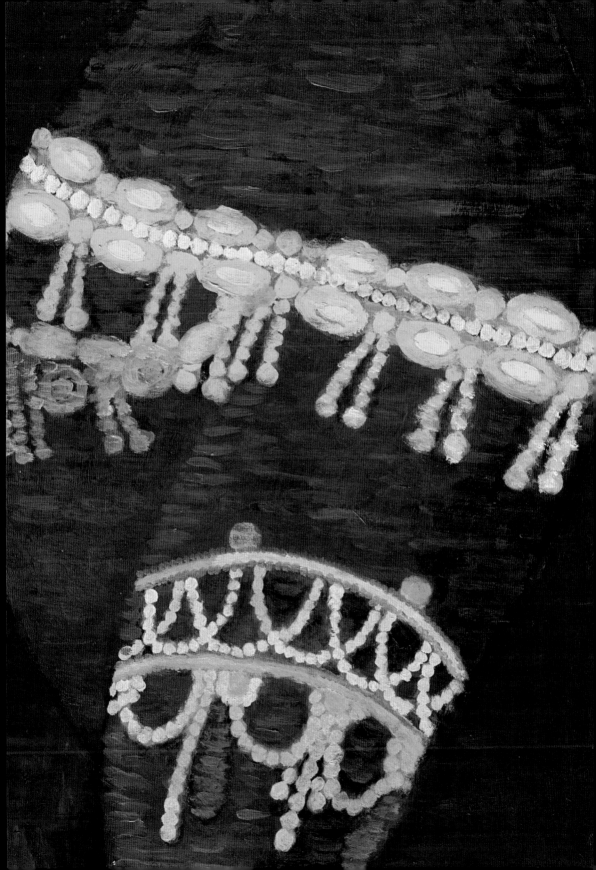

5 | 布施瓔珞的祈願

　　我去高原旅行，在那裡，每一口呼吸都變得珍貴。空氣是最便宜的禮物，我們生下來就開始呼吸，空氣很開放的布施給我們，我們卻經常忘了要感謝空氣——儘管空氣並不需要我們回報。

　　相對而言，贈送珠寶，可說是一種很昂貴又很美麗的禮物。我們送朋友此禮物，希望收到的人能因此外貌裝扮得更美麗，同時心情也更美麗，甚至期望他能像佛菩薩一樣，俱足各種相好莊嚴，俱足摩尼珍寶。

　　當我們贈送禮物給對方時，心中不妨默想，希望對方一切都很圓滿莊嚴，如同這分禮物一樣美麗。自己可以默想，也可以大方地告訴對方，讓對方得到更好的祝福跟祈願。

　　祈願一切眾生得以俱足圓滿身相的三十二相八十種好瓔珞莊嚴。假若布施寶冠莊嚴的物件，或是瓔珞、環釧、耳璫、珠鬘種種飾物，祈願一切眾生獲得八十種好莊嚴法身。

若施瓔珞，願與一切眾生得三十二相八十種好瓔珞莊嚴。……若施寶冠莊嚴之具，瓔珞環釧耳璫珠鬘種種校飾，願與一切眾生獲八十種好莊嚴法身。

————《大乘理趣經》

6 | 施予飲食瓔珞

　　朋友邀約，沿著蔚藍海岸開車，一路欣賞著蔚藍海岸的海天多彩幻化表演，伴隨著海水的味道，車子停靠在一個海岸邊的pizza店，我們點了一個四種乳酪的pizza。Pizza上分布著四種從未吃過的乳酪，香味夾著地中海的味道，脆脆的餅皮配著軟軟的乳酪，好一個pizza的饗宴，感謝朋友的施予飲食瓔珞。

　　我們所處世界的美好事物，都可以視之為瓔珞。跟朋友一起聚餐，或者請朋友吃飯，是一件常見的事情。而「飲食」，也是一種瓔珞。

　　在經典裡頭指出，若我們與人分享飲食，就可以除去憤怒的心，也因而可以獲得兩種美好的身相：一是會散發出光明，一是身金色──這不是說你的身體會變成金色，而是你會像佛陀一樣俱足金色身。

　　若有機會請朋友吃飯，不妨將面前的食物都想成美好的珠寶所成的飲食；或以美好的心意，做出珠寶般的餐點，食物的精華也因而再昇華。我們對食物的願心，會進入食物的心，讓接受食物供養的人，更能吸收到食物精華的美好。

若以飲食瓔珞施人，除去瞋心，以是因緣獲得二相；一者、金色，二者、常光。

────《大方便佛報恩經》

7 | 超越瓔珞

菩薩獲得超越瓔珞，使懈怠的眾生奉持正常的規律；菩薩獲得勇猛瓔珞，可以使怠慢懶惰的眾生轉為精進不廢；菩薩獲得多聞瓔珞，能使少有智能的眾生，得以強記不忘。

菩薩的瓔珞真是無所不在，在我們缺少不及的地方，菩薩的各種超越瓔珞都可以幫助我們補足；但是如果什麼事都請佛菩薩幫忙，真是太遜了。

很多事情我們可能無法馬上到達目標，但是我們可以一步一步往前走，今天比昨天更好，明天比今天更好。

那麼，我們身上就披戴著超越瓔珞，邁向無限光明的未來。

復有超越瓔珞，菩薩得此瓔珞者，使懈怠眾生奉持正律。……復有勇猛瓔珞，菩薩得此瓔珞者，使慢惰眾生精進不廢。……復有多聞瓔珞，菩薩得此瓔珞者，使少智眾生，強記不忘。

————《菩薩瓔珞經》

8 | 快樂瓔珞

跟著導遊穿過尼泊爾的小巷、迴廊，一轉個彎即呈現不同的風情，磚紅色繁複的圖案，裝飾著黑色雕花的窗台，看得我目不暇給，轉角處有個小女孩黑白分明的大眼，臉上帶著靦腆的微笑，看了從心中也蕩漾出一抹愉悅。

讓心的快樂瓔珞像水波一般，蕩漾擴散到自己喜愛的人，擴散及親人朋友，擴散及他人，擴散到自己國家的人都很快樂，擴散到其他國家的人都很快樂，擴散到地球人都很快樂，擴散到地球所有的生命都很快樂，擴散到地球所有的無生命都很快樂，擴散到宇宙法界都很快樂。

這是一個無盡的快樂瓔珞世界。

菩薩獲得快樂瓔珞，可以使易怒瞋恚的眾生超越憤怒瞋恨，是重生也獲得快樂瓔珞。如果我們可以超越負面的情緒，將之都轉成瓔珞，這是多麼喜悅快樂的事情。

復有快樂瓔珞，菩薩得此瓔珞者，使瞋恚眾生永斷無餘。
————《菩薩瓔珞經》

9 | 色變瓔珞

　　我曾做過一個夢，夢中有一位穿著華貴的爺爺，送給我一顆如拳頭大的寶珠，捧在手中，感覺很歡喜，而寶珠竟然從紅色轉為藍色，我看了非常訝異，這是什麼寶珠，竟然會改變顏色？有一回聽老師在講摩尼珠的事情，感覺非常熟悉，便請問老師，摩尼珠是不是會變色，老師問我怎麼知道，摩尼珠是會隨著心意改變色彩的。我這才明白，夢中貴氣爺爺送我的禮物原來是一顆摩尼寶珠，好美的禮物啊！

　　經典中提到，有一種瓔珞叫做「形色變化瓔珞」，菩薩如果得到這種瓔珞，就可以看見無量形色的變化。

　　如果我們擴大對瓔珞的想法，打破對瓔珞的既定概念，這樣我們便可以看見瓔珞的虛幻性，看到瓔珞的無量的變化。

　　隨色摩尼寶會隨著我們的心意改變顏色，也就是說，我們可以轉化成我與外界的感覺，轉換成當我們看見一切事物，一切的事物也都化成瓔珞，在色變瓔珞的過程中，我們的世界就漸漸轉換成瓔珞世界。

復有形色變化瓔珞，菩薩得此瓔珞者，悉見無量形色之變。

──《菩薩瓔珞經》

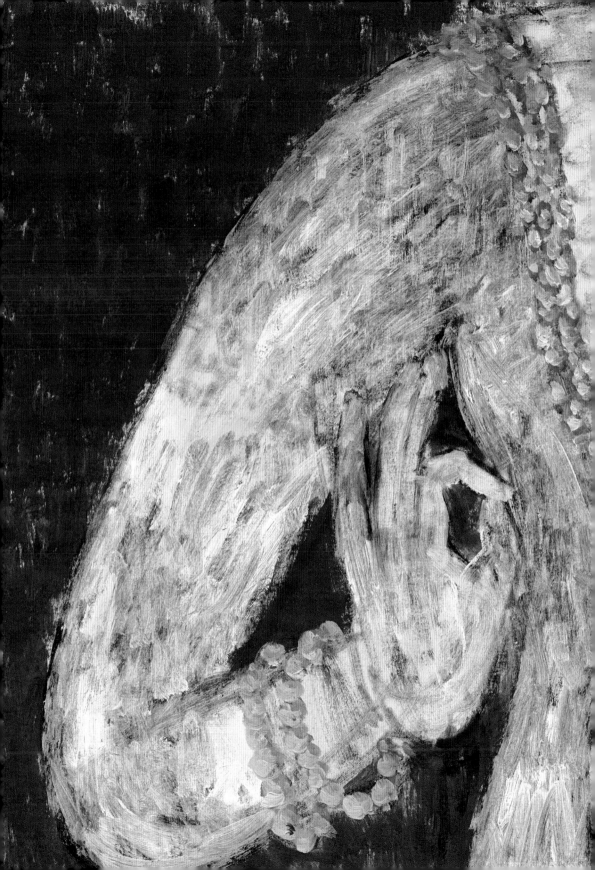

章四
Chapter 4

圓滿

最圓滿的瓔珞是佛菩薩呈現出來身上所有的莊嚴。

佛陀有三十二相八十種好,是指佛身的各種莊嚴相好,像海水一般紺青色的眼睛、飽滿柔軟的足趺、兩腋下平滿相、師子胸相、頂肉髻相等等,每一個相好,都有其背後的深意,所以佛陀的身相是人類身心狀態最極致的展現。

佛菩薩顯現給世人的美好,就是瓔珞。

1 | 瓔珞的心

隨學洪老師的方法，是透過學習佛身生理學，以佛身來矯正我們的人身，將緊張積聚壓力的糾結鬆開，成為放鬆氣脈通達的狀態，達到身體的調整與轉化，更進一步讓心隨之放鬆柔軟，身心輾轉相互增上。

我自己在學習的過程中，透過身體力行，原本方形臉竟也轉變雞蛋臉，齒列重新調整排列等等轉化，身心的微妙變化真是太奇妙了。而在這樣的轉變中，讓我在繪畫上也同時增長，創作的自由度更寬廣，技法的表現更加靈活，讓畫面上的時間與空間更加開展。

希望每個人都能成就自心的美好，最好的瓔珞莊嚴是三十二相、八十種好，這也是瓔珞最究極的展現。如果我們的心能成就一種善美功德，在身相上就會展現出相對應的莊嚴相好，擁有美麗端嚴的身相；願我們能如同佛陀一般，讓見者歡喜，世界也成就種種莊嚴。

若得陀羅尼忍辱三昧或得一生補處，是菩薩等所有光明，以佛光故悉不復現，如是等眾叉手向於蓮花尊佛瞻仰尊顏，爾時，惟見三十二相瓔珞其身，八十種好次第莊嚴，見蓮花尊佛及其世界種種莊嚴，如是見已心得歡喜。

————《悲華經》

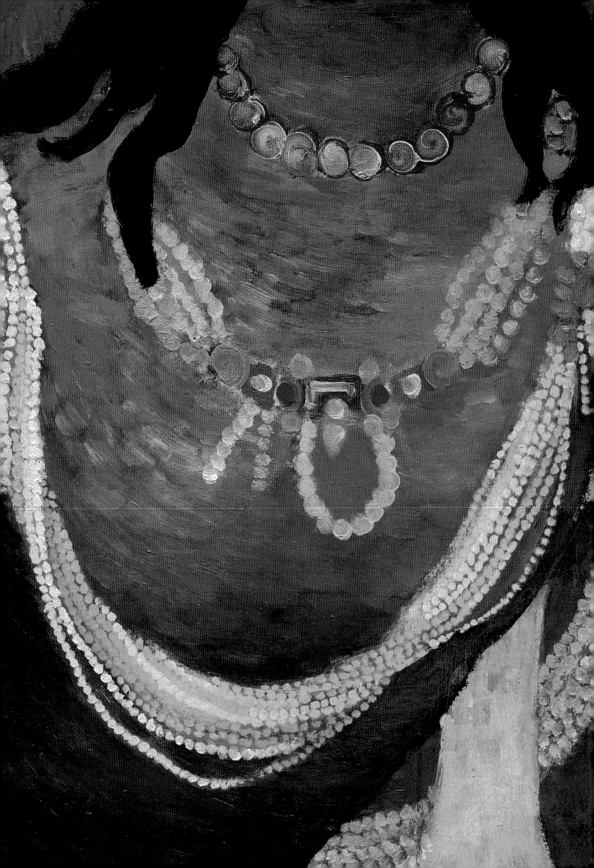

2 | 菩薩的瓔珞莊嚴

我不是一個特別有耐心的人,所以畫繁複的珠寶時,總是得花很多時間才能完成——困難點不是繁複的珠寶,而是如何讓煩躁的心安定下來畫華麗的珠寶。把心放下來,一筆一筆慢慢地把瓔珞串珠畫出來,心慢慢靜,寶珠也一顆顆地串聯起來。

我想讓寶珠呈現出其光澤閃亮,又不希望它變成炫耀性的光亮;我想要表現出的是珠寶的華麗與瓔珞的虛幻,就這樣靜心地一點一點把瓔珞串起,讓瓔珞的光明一點一點聚集起來,摩尼項鍊就如實地完成了。

學習菩薩的大悲瓔珞等種種的莊嚴,很難一時馬上做到,但是把這樣瓔珞莊嚴的想法置入心中,終究可以將一顆一顆寶珠串在一起,而成就如同菩薩一樣的瓔珞莊嚴。

菩薩的瓔珞莊嚴在經典中的面相很廣,在《樂瓔珞莊嚴經》記載菩薩據俱足八種瓔珞莊嚴,每一種特殊的德性,都能形成一種瓔珞莊嚴,每一種莊嚴都是加乘上去的,莊嚴加莊嚴,漸漸就具足很多的瓔珞莊嚴。

菩薩莊嚴八種瓔珞,若莊嚴已,得於菩薩無礙之辯。何等八?不失菩提心瓔珞莊嚴、住於究竟大悲之心瓔珞莊嚴、一切眾生無有礙心瓔珞莊嚴、進求多聞無有厭足瓔珞莊嚴、善能觀察如所聞法瓔珞莊嚴、化諸眾生亦不見於一切諸法瓔珞莊嚴,善知方便分別甚深緣合生法。善知一切眾生諸根瓔珞莊嚴、諸佛受持善知方便瓔珞莊嚴。大德舍利弗!是名八種瓔珞莊嚴。若有菩薩以是瓔珞自莊嚴已,得無礙辯。

————《樂瓔珞莊嚴經》

3 | 漫步光明之中

　　將光明的大寶瓔珞觀想在身體的每一個細胞中，每一寶珠的光明像水晶般溫潤透明，像彩虹一般的無實虛幻，像千百億日的太陽聚集光明遍照。我們的身體就是大光明摩尼寶瓔珞所組合而成的，瓔珞的軀體是那麼的光明、溫潤與虛幻無實。

　　光明的身體漫步在光明之中，隨著步伐的行動，晶亮的寶珠也流串著；我們所在的世界也是晶亮的瓔珞光明，光明自在微妙的顯現，光明在光明中漩流著。

　　煩惱竟悄悄的自然脫落了。

　　用光明的手畫下光明的畫，希望你也以光明的眼睛看光明的畫。

　　若有大光明摩尼寶瓔珞，一切寶莊嚴具的光明皆不會顯現，菩薩的菩提心寶也是如此：譬如水清珠能夠清濁水，而菩薩的菩提心珠，能清一切煩惱濁垢。

善男子，如有摩尼名大光明。有以此珠瓔珞身者，映蔽一切寶莊嚴具，所有光明悉皆不現。菩薩摩訶薩菩提心寶，亦復如是。瓔珞其身，映蔽一切二乘心寶，諸莊嚴具悉無光彩。善男子，如水清珠能清濁水，菩薩摩訶薩菩提心珠，亦復如是，能清一切煩惱垢濁。

————《大方廣佛華嚴經》

4 │ 莊嚴瓔珞三昧

　　菩薩所有的莊嚴都是瓔珞所成，畫這樣的畫作時，不僅菩薩的身體要表現出瓔珞的感覺，菩薩穿戴的珠寶也要呈現瓔珞的感覺，在瓔珞的身體跟佩戴的瓔珞之間，我要如何呈現出這兩者的差別？

　　我想以瓔珞如實的心意畫出佛菩薩身體光明的感覺，在畫瓔珞時，又用一種光明加上光明的想法，讓筆下呈現出它閃爍的光芒。在這樣的光明交錯的表現中，希望大家可以看到畫中瓔珞光明中的光明。

　　也祈願大家能穿戴著瓔珞珍寶，走在瓔珞的大地，吹著瓔珞的風，看見瓔珞相映的風景，心中充滿著瓔珞，自然生起瓔珞的微笑。

　　爾時世尊入佛莊嚴瓔珞三昧，入三昧已，令此娑婆世界清淨莊嚴，猶如未來遍見如來所有國土。爾時世尊光明淨妙，眾生樂見。十方無量微塵世界淨穢等土、有無佛處一切眾生亦復如是，樂見如來淨妙光明，亦復樂聞如來音聲。爾時十方一一方面，無量佛土無量菩薩，悉來至此娑婆世界王舍大城。爾時此界具足多有無量菩薩，如是菩薩悉共供養如來世尊。……或有菩薩以真實法讚歎於佛。

————《大方等大集經》

5 | 莊嚴瓔珞的圓成

　　在畫中圓成菩薩的瓔珞莊嚴，在舉手投足間也是瓔珞莊嚴，讓身體隨時安住在放鬆中，漸漸地圓滿身像相好，就俱足身瓔珞的莊嚴；當身體日漸放鬆，心也會日漸柔軟，心愈柔軟身也會更加柔軟，漸漸口中會自然說出柔軟的語言，能夠如說修行就成就語瓔珞莊嚴，沒有煩惱就俱足意瓔珞的莊嚴。

　　菩薩圓滿其誓願即是圓滿剎土瓔珞莊嚴，菩薩有成就莊嚴淨土的誓願，菩薩圓滿其誓願即是圓滿剎土瓔珞莊嚴；能清淨自心則是利他瓔珞莊嚴，不造諸惡即是生處瓔珞莊嚴。

　　隨學佛行即圓滿菩薩行瓔珞，遇到問題不知道如何處理時，就想想佛陀會如何處理，一點一點積累，慢慢成就圓滿菩薩行瓔珞；當我們了悟一切都是幻化不可得，一切都是無常不可執著，就俱足智慧瓔珞的圓滿。

　　終將我們會從自己的身體、語言、心意、行為到外境的一切，都圓成莊嚴的珍寶瓔珞。

身瓔珞。圓滿相好為莊嚴故。語瓔珞。如說修行為莊嚴故。意瓔珞。以無煩惱為莊嚴故。剎土瓔珞。以圓滿願為莊嚴故。利他瓔珞。能清淨心為莊嚴故。生處瓔珞。不造諸惡為莊嚴故。菩薩行瓔珞。隨學佛行為莊嚴故。智慧瓔珞。了一切法皆悉幻化為莊嚴故。
————《守護國界主陀羅尼經》

我看洪老師畫了一張四公尺寬五公尺長的千手觀音菩薩像，菩薩的每一隻手都有一隻眼睛，站在畫前，不論站在哪一個角度，一千隻眼睛都同時慈悲地注視著你，眞是奇妙的感覺。他手上所拿的寶物也特別多，而且每一個寶物都有它所代表的意義與作用。

菩薩寶物的意義與作用

千手觀音的珍寶以四十種爲代表，因爲三界中有二十五種生命的存在，每一種存有都化現一尊菩薩去教化，每一尊觀音又化現四十手，所以千手觀音俱足千手。

在我們生存的這個世界在經典中稱爲南瞻部洲，教化我們的是施無畏千手觀音，他現出四十尊觀音，跟四十手配合。每個手都有一個修法與眞言，所以每個瓔珞珍寶也都有其實際的作用。

《千手千眼觀世音菩薩大悲心陀羅尼》中記載千手觀音的珍寶，其中有日精摩尼、月精摩尼、寶弓、寶箭、軍持、楊柳枝、白拂、寶瓶、傍牌、鉞斧、髑髏、寶杖、數珠、寶劍、金剛杵、俱尸鐵鉤、錫杖、白蓮華、青蓮華、紫蓮華、紅蓮華、寶鏡、寶印、頂上化佛、寶篋、五色雲、寶戟、寶螺、如意寶珠、羂索、寶鉢、玉環、寶鐸、跋折羅、化佛、化宮殿、寶經、不退轉金輪、蒲桃等。

日精摩尼的作用是讓眼睛得到光明，月精摩尼可以讓患熱毒病轉成清涼者，寶弓可以爲榮官益職求得官位，寶箭代表可以與衆多的良善朋友早日相遇。

白拂可以除滅一切惡障難，寶瓶是爲求得一切善和眷屬，髑髏寶杖可以令一切鬼神不相違拒，數珠可以讓十方諸佛速來授手，金剛杵則可以摧伏一切怨

敵，寶劍能夠降伏一切魍魎鬼神，俱尸鐵鉤能使善神龍王常來擁護。

錫杖可以慈悲覆護一切衆生，白蓮華得以求得種種功德，青蓮華可以求得出生於十方淨土，紫蓮華得以面見一切十方諸佛，紅蓮華則能求生諸天宮。

寶鏡能夠成就廣大智慧，寶印可以成就巧妙辯才，寶篋則能求得地中種種伏藏。五色雲可以助益疾速成就佛道，寶戟能夠辟除他方逆賊怨敵，寶螺可以招喚一切諸天善神，如意寶珠能夠富饒種種功德資具。

絹索可以讓種種不安轉爲安穩，寶鉢則能解除腹中的種種病苦，寶鐸則能成就一切上妙梵音聲。

千手觀音珠寶盒中的種種珍寶，其神妙的作用恐怕不是如此而已；菩薩能夠善巧地使用這些珍寶，我們一般人也可以學習用觀想的方法，讓這些菩薩的珍寶對我們產生好處妙用。

我於洪老師處曾經學習過一些方法，分享給大家。譬如，日精摩尼寶珠經上寫的方法是將寶珠置入眼睛中，注意日精摩尼寶珠的特色是：像太陽一樣明亮，像水晶般透明，像彩虹般沒有實體。

可以觀想頭頂中有日精摩尼寶珠，練習得宜頭腦會更加清晰明朗；也可以將寶珠置入身體較弱或不適的部位，例如肝不好就想肝臟充滿了日精摩尼寶珠；甚至可以觀想全身都是日精摩尼寶珠，隨時隨地全身都非常晶亮，這是密法中非常高深的方法。

將菩薩珠寶盒中的珍寶，善巧的運用，我們也終將擁有個人專屬的珠寶盒。

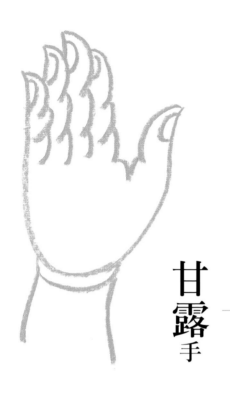

【作用】若爲一切飢渴有情及諸餓鬼得清涼者，當於甘露手。

【使用方法】假若要幫助一切飢渴的人以及眾多的餓鬼得到清涼滿足，可以觀想自己的手爲千手觀音的甘露手，並誦持以下眞言。

【眞言】唵　素嚕素嚕鉢羅　素嚕鉢羅　素嚕素嚕素嚕野　薩嚩賀

甘露手 一

無畏手 二

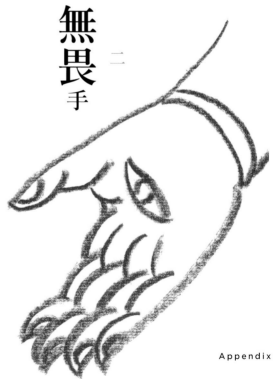

【作用】若爲一切時一切處怖畏不安者，當於施無畏手。

【使用方法】假若在任何時間、任何地方處於恐怖、畏懼、不安的人，可以觀想自己的手的中央有一顆千手觀音的眼睛，並誦持以下眞言。

【眞言】唵　嚩日羅　曩野　吽　泮吒

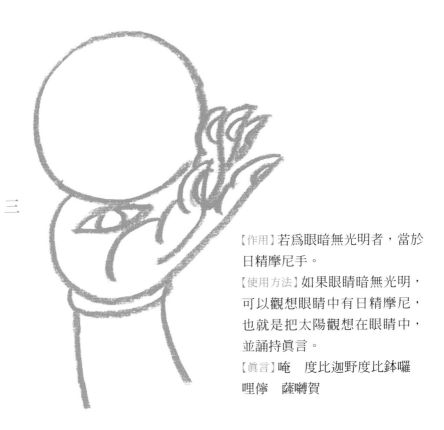

日精摩尼手 三

【作用】若爲眼暗無光明者，當於日精摩尼手。

【使用方法】如果眼睛暗無光明，可以觀想眼睛中有日精摩尼，也就是把太陽觀想在眼睛中，並誦持眞言。

【眞言】唵　度比迦野度比鉢囉哩儜　薩嚩賀

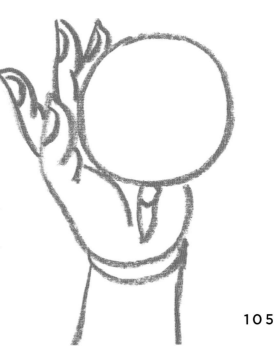

月精摩尼手 四

【作用】若爲患熱毒病求清涼者，當於月精摩尼手。

【使用方法】如果患有燥熱毒病者，可以將月精摩尼觀想在體內燥熱之處。

【眞言】唵　蘇悉地揭哩　薩嚩賀

【作用】若爲榮官益職求仕官者，
當於寶弓手。
【使用方法】若未求得好的工作職
位仕官者，可以觀想自己的手
握有千手觀音的寶弓。
【眞言】唵　阿左尾嚟　薩嚩賀

寶弓 五 手

寶箭 六 手

【作用】若爲諸善朋友早相
逢遇者，當於寶箭手。
【使用方法】想要早日與好
朋友、善人相逢者，可
以觀想握著千手觀音的寶
箭，並誦持眞言。
【眞言】唵　迦摩攞　薩嚩
賀

軍持 七手

【作用】若爲求生諸梵天上者，當
於軍持手。

【使用方法】假若想要求生爲梵天
者，可以觀想手持千手觀音的
軍持，軍持是淨水瓶。梵天是
天界的主導，在此特別加入菩
提心寶，祈願成爲梵天導引一
切清淨天人成佛。

【真言】唵　嚩日囉　勢佉囉嚕
吒輇吒

【作用】若爲身上種種病難者，當於楊柳枝手。

【使用方法】觀想以千手觀音的楊柳枝手的光明，可以撫癒減輕病痛。

【眞言】唵　蘇悉地迦哩哩哆喃哆目哆曳　嚩日囉　嚩日囉　畔駄賀曩賀曩　吽　泮吒

柳枝手 八

【作用】若爲除滅一切惡障難者，當於白拂手。

【使用方法】觀想手持千手觀音的白拂手，可以滅除一切障難。

【眞言】唵　鉢娜弭儜婆　嚩帝謨賀野惹　謨賀儜　薩嚩賀

白拂手 九

寶瓶 十
手

【作用】若爲一切善和眷屬
者，當於寶瓶手。

【使用方法】假若想求得一切
眷屬善和，則觀想千手觀
音的寶瓶，此寶瓶的特色
是瓶頭有鳥頭。

【眞言】唵 揭嚟糁滿焰
薩嚩賀

十一 傍牌手

【作用】若爲辟除一切虎狼諸惡獸者，當於傍牌手。

【使用方法】虎狼諸惡獸於現代可指搶匪惡徒，傍牌是指盾牌。如果要辟除一切壞人，可以觀想千手觀音的傍牌。

【眞言】唵　藥葛釤曩那野戰捺羅　達耨播哩野　跛舍跛舍　薩嚩賀

鉞斧手 十二

【作用】若為一切時一切處離官難者，當於鉞斧手。

【使用方法】假若於一切處一切時要祈求遠離官難者，可以觀想千手觀音的鉞斧。

【眞言】唵　味囉野味囉野　薩嚩賀

寶杖手 十三

【作用】若為使令一切鬼神不相違拒者，當於髑髏寶杖手。

【使用方法】如果害怕遇鬼神，可以觀想千手觀音的髑髏寶杖手守護。

【眞言】唵　度曩嚩日囉　哪

數珠_手

十四

【作用】若為十方諸佛速來授手者，當於數珠手。

【使用方法】可以直接持真的串珠，觀想使千手觀音的串珠發出光明。

【真言】曩謨　囉怛曩　怛囉夜野　唵　阿那婆帝尼惹曳悉地悉馱㗭簪薩嚩賀

寶劍_手

十五

【作用】若為降伏一切魑魅鬼神者，當於寶劍手。

【使用方法】假若要降伏一切魑魅鬼神，可以觀想寶劍手。

【真言】唵　帝勢帝惹覩尾儜提　婆馱野　吽泮吒

金剛杵手 (十六)

【作用】若為摧伏一切怨敵者，當於金剛杵手。

【使用方法】觀想手持金剛杵，可以摧伏一切怨敵者。

【真言】唵　嚩日囉　祇儜鉢囉　鉢多野　薩嚩賀

俱尸鐵鉤手 (十七)

【作用】若為善神龍王常來擁護者，當於俱尸鐵鉤手。

【使用方法】假若希望善神龍王常來擁護者，可以觀想手持俱尸鐵鉤手。

【真言】唵　阿　嚕　哆囉迦囉　毘沙曳曩謨　薩嚩賀

錫杖 十八手

【作用】若為慈悲覆護一切眾
生者，當於錫杖手。

【使用方法】如果想要慈悲守
護一切眾生，可以觀想手
持千手觀音的錫杖。

【真言】唵　那嚟智那嚟智那
嚟吒鉢底那嚟帝娜夜鉢儜
吽泮吒

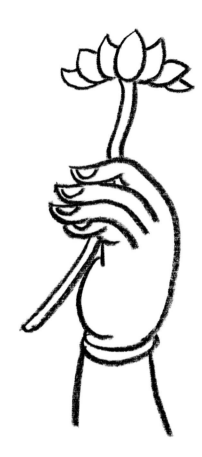

【作用】若爲種種功德者，
當於白蓮華手。
【使用方法】若爲求得種種
的功德者，可以觀想持千
手觀音的白蓮花。
【眞言】唵　嚩日囉　味囉
野　薩嚩賀

白蓮華手
十九

青蓮華手
二十

【作用】若爲求生十方淨土者，當
於青蓮華手。
【使用方法】若爲求得出生於十方
淨土者，可以觀想青蓮華。
【眞言】唵　枳哩枳哩嚩日囉　部
囉畔馱　吽泮吒

115

紫蓮華手 二十一

【作用】若爲面見一切十方諸佛者，當於紫蓮華手。

【使用方法】若想面見一切十方諸佛，可以觀想紫色蓮花。

【眞言】唵　薩囉薩囉嚩日囉　迦囉吽泮吒

紅蓮華手 二十二

【作用】若爲求生諸天宮者，當於紅蓮華手。

【使用方法】若想求生於天宮，是爲導引天人走向覺悟之路，則觀想紅蓮花。

【眞言】唵　商揭嚇薩嚩賀

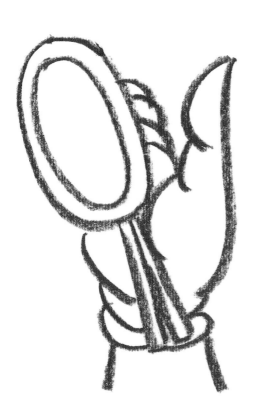

寶鏡手 二十三

【作用】若爲成就廣大智惠者，當於寶鏡手。

【使用方法】想要成就廣大智慧者，當觀想寶鏡，讓自心如同明鏡一般，會開啓廣大智慧。

【眞言】唵　尾薩普囉那囉葛叉　日囉　曼荼攞　吽泮吒

寶印手 二十四

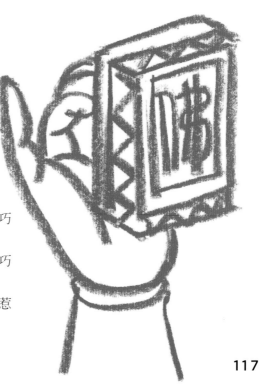

【作用】若爲成就口辯言辭巧妙者，當於寶印手。

【使用方法】要成就口才言辭巧妙者，可以觀想寶印手。

【眞言】唵　嚩日囉　儜擔惹曳　薩嚩賀

頂上化佛手

二十五

【作用】若爲十方諸佛速來摩頂授記者，當於頂上化佛手。

【使用方法】假若祈願十方諸佛快速前來爲行者摩頂授記者，當於觀想千手觀音的頂上化佛。

【眞言】唵　嚩日哩　尾嚩日藍藝　薩嚩賀

合掌 二十六 手

【作用】若爲令一切鬼神、龍、蛇、虎狼、師子、人及非人常相恭敬愛念者，當於合掌手。

【使用方法】於吵鬧不和之處，可以觀修合掌手，即可相處和諧。

【眞言】唵　尾薩囉尾薩囉　吽泮吒

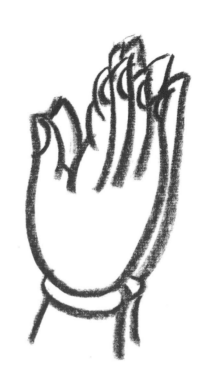

寶篋 二十七 手

【作用】若若爲求地中種種伏藏者。當於寶篋手。

【使用方法】想要求得地下的種種寶藏，可以觀想寶篋手。

【眞言】唵　嚩日囉　播設迦哩揭曩輪囉吽

五色雲手 二十八

【作用】若爲速成就佛道者，當於五色雲手。

【使用方法】若想迅速成就佛道，可以觀想五色雲手。

【眞言】唵 嚩日囉 迦哩囉 吒 餄吒

寶戟手 二十九

【作用】若爲辟除他方逆賊怨敵者，當於寶戟手。

【使用方法】若想辟除他方的逆賊怨敵，可以觀想寶戟手。

【眞言】唵 糝昧野祇儜賀哩 吽 泮吒

寶螺手 三十

【作用】若爲呼召一切諸天善神者，
當於寶螺手。
【使用方法】觀修寶螺手，可以呼召
一切諸天善神。
【眞言】唵　商揭嚇摩賀糝滿焰
薩嚩賀

【作用】若爲富饒種種功德資具者，當
於如意寶珠手。
【使用方法】想要祈求富饒種種財富資
糧，可以觀修如意寶珠手。
【眞言】唵　嚩日囉　嚩哆囉　吽泮吒

如意寶珠手 三十一

【作用】若爲種種不安求安隱者，當於羂索手。

【使用方法】爲息伏種種平安，可以觀修羂索手。

【眞言】唵　枳哩攞囉謨捺囉　吽泮吒

羂索手 三十二

寶鉢手 三十三

【作用】若爲腹中諸病苦者，當於寶鉢手。

【使用方法】若爲腹痛所苦，可以觀修寶鉢手。

【眞言】唵　枳哩枳哩嚩日囉　吽泮吒

玉環_手 三十四

【作用】若爲男女及諸
僕使者，當於玉環手。
【使用方法】若想令人敬
愛，可觀修玉環手。
【眞言】唵　鉢娜鉛味囉
野　薩嚩賀

寶鐸_手 三十五

【作用】若爲成就一切上妙梵
音聲者，當於寶鐸手。
【使用方法】若想若想成就一切
美妙天籟，可以觀修寶鐸手。
【眞言】曩謨　鉢娜鉛播拏曳
唵 阿密㗚擔儼陛室哩曳寶哩
齨哩停　薩嚩賀

跋折羅手

三十六

【作用】若爲降伏一切天魔外道者，當於跋折羅手。
【使用方法】跋折羅一般是指五股金剛杵，若要降伏一切天魔外道者，可以觀修金剛杵。
【眞言】唵　儞陛儞陛儞跋野摩訶室哩曳　薩嚩賀

【作用】若爲生生之處不離諸
佛邊者，當於化佛手。

【使用方法】假若祈願出生之
處，親近於諸佛者，應觀修
化佛手。

【眞言】唵　戰娜囉婆輪吒哩
迦哩娜祇哩娜祇哩柅　吽泮
吒

化佛手 三十七

化宮殿手 三十八

【作用】若爲生生世世常在佛
宮殿中不處胎藏中受身者，
當於化宮殿手。

【使用方法】祈願生生世世常在
佛宮殿淨土中，不處於胎藏
中受生，可以觀修化宮殿手。

【眞言】唵　微薩囉微薩囉
吽泮吒

125

寶經手 三十九

【作用】若爲聰明多聞廣學不忘者，當於寶經手。

【使用方法】祈願聰明多聞廣，學不遺忘者，可以觀修寶經手。

【眞言】唵　阿賀囉薩囉嚩尾儞野馱囉布　帝　薩嚩賀

轉金輪手 四十

【作用】若爲從今身至佛身菩提心當不退轉者，當於不退轉金輪手。

【使用方法】祈求從今到成佛，菩提心永不退轉，當觀修不退轉金輪。

【眞言】唵　設那弭左　薩嚩賀

蒲桃手

四十一

【作用】若爲果蓏諸穀稼者，當於蒲桃手。

【使用方法】祈求五穀豐收者，可以觀修蒲桃手。

【眞言】唵　阿摩攞劍帝　儜薩嚩賀

國家圖書館出版品預行編目(CIP)資料

菩薩的珠寶盒 / 吳霈媜著. -- 初版. -- 臺北市：大塊文化, 2012.02
　　面；　　公分. -- (Catch : 184)
　ISBN 978-986-213-318-7(平裝)

224.517　　　　　　　　　　　　　　　　　100026874

LOCUS

LOCUS

LOCUS

LOCUS